Geyer, Graz

Peter Blaha, Wien, Christian Carl, Göppingen, Alois Eibel, Hatzendorf,
nz Gosch, Silberberg, Alois Gölles, Riegersburg, Franz Hausner, Wien,
Pieber, Wien, Helmut Pirc, Wien.
raz

vurde vom Autor und Verlag nach bestem Wissen (und Gewissen) über-
kann jedoch nicht übernommen werden. Die juristische Haftung ist daher

lorfrei gebleichtem, unter den Richtlinien von ISO 9001 hergestelltem Pa-

schmutzung verwendete Einschweißfolie ist aus Polyethylen chlor- und
iese umweltfreundliche Folie verhält sich grundwasserneutral, ist voll recy-
in Müllverbrennungsanlagen völlig ungiftig.

ckerei Theiss GmbH, A-9431 St. Stefan im Lavanttal

ALOI

EDE
BR

Erzeugu
Verkostu

2. Aufla

LEOPOLD S
Graz

Umschlaggestaltung: Atelier
Umschlagfoto: Foto Tropper
Fotos: Thomas Apolt, Wien,
Walter Gaigg, Steyrling, Fr
Landesanstalt Haidegg, Kar
Grafik: Manfred Neuhold, G

Der Inhalt dieses Buches w
prüft; eine Garantie dafür
ausgeschlossen.

Hinweis:
Dieses Buch wurde auf c
pier gedruckt.
Die zum Schutz vor Ve
schwefelfrei hergestellt. D
clingfähig und verbrenn

ISBN 978-3-7020-0820-8

Printed in Austria
Gesamtherstellung: Dru

INHALT

VORWORT

Zum Thema Schnaps und Branntwein gibt es reichlich Fachliteratur. Wie arbeitet man sauber, steril, technisch einwandfrei, beginnend vom praktischen Ratgeber bis zur wissenschaftlichen Abhandlung?

Gefordert sind bei einem Fachbuch immer sogenannte Objektivitätskriterien, meßbare Parameter chemischer, technischer, analytischer Natur.

Der Edelbrand (oder noch viel lieber der Schnaps) ist aber ein lebendiges Naturprodukt. Viel zu individuell, als daß er nur durch Volumprozent, Milligramm oder ppm ausreichend umschrieben werden könnte.

Dieses Buch ist anders. Es liegen darin viel persönliche Erfahrung und subjektive Beobachtung. Es erhebt keinen Anspruch auf wissenschaftliche Vollständigkeit, sehr wohl jedoch auf die Freude an einem lebendigen, kreativen Handwerk.

Schnaps ist viel zu interessant, als daß er nur den Gesetzestexten und Paragraphen folgte. Ein kleiner Exkurs ist leider bereits im voraus vonnöten. Sprechen wir doch in der Folge immer wieder vom Schnaps und benützen dieses ursprüngliche Wort noch im herkömmlichen Sprachgebrauch – als Synonym für alle naturbelassenen, echten und ursprünglichen Vertreter dieser edlen Destillierkunst –, genauso wie Brand oder Destillat. Leider bezeichnet das Wort Schnaps in Österreich von Gesetzes wegen neuerdings eine gestreckte Verschnittspirituose. Was uns aber nicht davon abhält, unser Handwerk auch weiterhin als Schnapsbrennerei zu bezeichnen.

Riegersburg, Mai 1998 *Alois Gölles*

DIE ZEHN REGELN VON GÖLLES

1. Am wichtigsten für den Schnapsbrenner ist sauberes Obst. So sauber, daß man es gerne selber essen würde.
2. An zweiter Stelle stehen die Frische und Aromatik der Früchte.
3. Und an dritter Stelle folgt – wie sollte es anders sein? – das Obst, das Obst und wieder das Obst. Die Lage, der Boden, das Klima und die physiologische Reife.

   Dann kommt lange nichts. Erst viel später stellt man Überlegungen an, wie man diese guten, frischen, aromatischen und appetitlichen Früchte optimal verarbeiten kann.

4. Beim Einmaischen müssen die Früchte nochmals sortiert, von Stengeln, Rispen, Dolden und Steinen getrennt und gut zerkleinert werden.
5. Die Gärung sollte langsam – und somit aromaschonend – erfolgen. Nicht zu warm und nicht zu kalt.
6. Gebrannt wird langsam und vorsichtig nach dem Rauh- und Feinbrandverfahren, also doppelt.
7. Bevor der Schnaps abgefüllt wird, muß er lagern, da er durch die Zeit an Reife und Komplexität gewinnt.
8. Es wird weder gesüßt, abgerundet noch aromatisiert. Die Quintessenz kommt unverfälscht in die Flasche.
9. Jede Bewegung, jeder Transport bringt Unruhe in das harmonische Gefüge eines guten Schnapses. Vor dem Trinken sollte man ihm daher mindestens 2–3 Wochen Zeit zur Beruhigung gönnen.
10. Gute Schnäpse kann man nicht nur riechen. Man muß sie trinken, um sie wirklich zu ergründen. Am besten nicht zu kalt, bei einer Temperatur von 15–20° C, und, besonders wichtig: im richtigen Glas!

GESCHICHTE UND GESCHICHTEN

Die Suche nach der Quintessenz

Über die Seele des Schnapses ist noch nicht viel geschrieben worden. Aber, aber – hör' ich die Fragen: Hat denn Schnaps überhaupt dieses gewisse Etwas, das wir Seele nennen? Diese unsichtbare Erscheinung, die wir nicht greifen, sehr wohl aber spüren können? Die, wenn sie vorhanden ist, Gefühle hervor- und Assoziationen wachruft, die unsere Sinne anspricht, uns wärmt und jene Energie verleiht, ohne die wir alle nicht leben können?

Stellen wir einfach die These an den Beginn, daß Schnaps eine Seele hat, und versuchen wir, dies auch zu belegen.

Alles, was der hochkomplizierte Mechanismus des Körpers – egal, ob jener des Menschen oder des Tieres – benötigt, findet er in der Natur. Um Energie zu gewinnen bzw. vorhandene nicht zu verlieren (z.B. durch Krankheiten), werden die Stoffe der Natur in allen möglichen Formen aufgenommen und verarbeitet. Eine seit jeher wichtige Rolle spielen dabei die Früchte und deren Säfte. Aus diesen wieder lassen sich sowohl alkoholische wie auch nichtalkoholische Getränke bereiten. Solange es sich dabei nicht um solche handelt, die mit synthetisch hergestellten Stoffen zubereitet wurden, sondern in allen ihren Teilen aus der Natur stammen, zählen diese wie jene zu den bekömmlichsten Flüssigkeiten der Welt.

Das Tier hat's schon immer gemacht, und der Mensch auch, seit sie ihm bekannt waren: er hat heilende, betäubende oder berauschende Stoffe zu sich genommen. Tiere in freier Wildbahn wissen, wo sie jene Produkte finden, die weniger mit Ernährung, mehr aber mit heilender oder narkotisierender Wirkung zu tun haben. Der Schritt von diesen Wirkungen zum Genuß ist dann nur mehr ein sehr kleiner. Was den Menschen (unter anderem) vom Tier unterscheidet, ist die Fähigkeit zu verstehen, zu begreifen und aus vorhandenem Wissen mehr zu machen. Das gelingt zwar nicht immer – bzw. dauert manchmal sehr lange –, aber immer besser. Und, auf historische Maßstäbe bezogen, immer rascher. Also sind die Menschen seit – man weiß nicht genau wie lange – auf der Spur des Rausches. Auf der Suche nach dem Stein des Weisen, nach dem unsichtbaren Geist, nach der spirituellen Quintessenz. Nach mehr als reiner Ernährung.

Und sie sind auch fündig geworden. Wer wann wo als erster, weiß niemand. Aber schon naturwissenschaftliche Gelehrte des Altertums (*Aristoteles, Hippokrates* u.a.) haben das Vorhandensein eines brennbaren Stoffs im Wein erkannt, wußten aber nicht, wie dieser von den wäßrigen Bestandteilen zu trennen sei. Das Wissen um die Destillation, die Erhitzung und die Kondensation ist aber vermutlich älter als die erste bekannte Niederschrift über die Bereitung von *„aqua ardens"* aus der Feder des *Magister Salernus* (gest. 1176). Gesichert ist die Erkenntnis darüber, daß lange vor den „Entdeckungen" durch Forscher und Eroberer auf praktisch allen Kontinenten die Menschen über das Wissen um Weinbereitung und Alkoholdestillation verfügten. In Ermangelung schriftlicher Aufzeichnungen ist nur fraglich, seit wann z.B. mongolische

Nomadenvölker die Bereitung von *Kumyß* (Milchbranntwein) beherrschten und ob die alten Ägypter in ihren bekannten und schon damals perfekten Destillierapparaten nur ätherische Öle oder auch bereits Alkohol extrahiert haben.

Wer wann zum erstenmal erkannt hat, daß abgekühlte Dämpfe zu flüssigen Tropfen werden, wird sich ebenso nie mehr feststellen lassen. Allerdings gibt es namhafte Forscher wie den Engländer *Oscar A. Mendelsohn*, der unisono *mit Dr. Ferdinand Engel*, in den fünfziger Jahren Lektor an der Wiener Hochschule für Bodenkultur, behauptete: „Die Naturvölker haben die Gärung und das Brennen erfunden." Und zwar in eben dieser Reihenfolge: „Da man Branntwein erst aus einer alkoholischen Flüssigkeit gewinnen kann, diese wieder erst im Wege der Vergärung aus Zucker entsteht, nimmt man an, daß die Kenntnis des Vergärenkönnens vor derjenigen des Brennenkönnens bekannt war."

Schnapsbrenngerät mit direkter Feuerung und einem Faß als Kühler; um 1600 (aus Hieronymus Tragus' Kräuterbuch)

Jedenfalls war die Nutzung des Feuers für die bewußte Produktion des berauschenden Alkohols ebenso wichtig wie die Erfindung der Töpferei. In diesen Gefäßen konnten Früchte aufbewahrt und deren Säfte aufgefangen werden, Feuer aber war notwendig, um die verschiedenen Substanzen einer Flüssigkeit voneinander zu trennen.

Als ältestes Ausgangsprodukt eines alkoholischen, also im Weg der Vergärung gewonnenen Getränks, gilt *Met*, der aus Honig erzeugt wurde. In manchen historischen Abhandlungen wird von einem „Metabschnitt der Weltgeschichte" gesprochen, war doch der Honigwein auf fernen Inselwelten ebenso bekannt wie in Asien, Australien, Amerika und Europa. So zeitlich rasante Entwicklungen, wie wir sie heute erleben, waren freilich nicht möglich. Einigermaßen gesicherte Belege für das, was wir Destillationstechnik nennen, datieren erst aus dem 11. Jahrhundert. Irland und Schottland kannten schon damals den *Kornbranntwein*, bevor in England und erst später auf dem Festland ebenfalls kräftig destilliert wurde. Verbreitung erfuhr das *„aqua vitae"*, das Lebenswasser, vorerst über die Apotheken, bevor es – nebst der privaten Hausbrandererzeugung – auch über die Wirtshäuser zu haben war. Unterscheidungen wurden getroffen zwischen dem einfachen, gewöhnlichen Lebenswasser und dem Geist aus gebranntem Wein und gebranntem Wasser, der *„Quintessenz"*, die aus vergorenen Fruchtmaischen erzielt wurde.

Was lange währt, wird endlich gut. Manchmal zu gut, so daß die Menschen der Tendenz anheimfallen, übers Ziel hinauszuschießen. Den ersten nachhaltigen Eindruck, der auch verläßlich in den Büchern dokumentiert ist, hinterließ der Branntwein im 16. Jahrhundert, das sich in der einschlägigen Literatur als *„das Jahrhundert der Trunksucht"* niedergeschlagen hat. Das Wissen um die Destilliertechnik konnte – und wurde – schriftlich verbreitet; jeder Hausvater wurde unterwiesen, wie er Branntwein aus Obst und Wein, den Weinrückständen sowie aus Weizen, Korn, Malz usw. bereiten konnte. Gebrannt wurde damals alles, was sich zur Erzeugung von Schnaps eignete, und darüber hinaus in solchen Mengen getrunken, daß sie wirtschaftlich katastrophal und gesundheitlich fatal genannt werden mußten.

Destilliergerät mit Wasserbad und Helm, aber ohne Kühlung; um 1600 (aus Hieronymus Tragus' Kräuterbuch)

Kaum jemand hielt sich an die weise Erkenntnis des Arztes *Theophrastus Bombastus Paracelsus,* derzufolge alle Dinge Gift sind, und „nur die Dosis macht, daß ein Ding kein Gift ist". Besagter Arzt und Alchimist war es auch, der den flüssigen Stoff, der aus der Gärung stammt, Alkohol nannte und dessen Destillat als Heilmittel empfahl. Über die verheerenden Wirkungen seiner Droge, wenn sie in exzessiven Mengen geschluckt wird, wußten damals weder Paracelsus noch die politische Obrigkeit hinlänglich Bescheid. Erst die Auswirkungen, die ganze Landstriche voll stockbetrunkener Bürger hervorgerufen haben, ließen der unbeschränkten Verbreitung des Branntweins Einhalt gebieten.

„Schnaps" – das war allerdings damals nicht das letzte Wort jener, die dann von den Englein fortgetragen wurden; was wir heute unter diesem prosaischen Namen kennen, floß als *„geprannte s Wasser"* durch die Kehlen. Wenn der Schnapsherstellung heute noch immer etwas Mystisches, etwas Geheimnisvolles und Unerklärliches anhaftet, darf man es wohl auch als Relikt aus jener Zeit, dem gern „finster" genannten Mittelalter, zuschreiben, als die Alchimie den Alltag zu beherrschen begann. Das schon ins Wissenschaftliche weisende Wort „Destillation" für jenen Vorgang, der damals noch an Zauberei gemahnte, wurde erst im späteren 17. Jahrhundert verwendet. Es setzt sich aus den Wortstämmen *„Dis = Trennung"* und *„stillo = tropfenweise"* zusammen.

Alte und neue Destillate – Die neue Schnapskultur

Mit der zunehmenden Wissenschaft über die Destillation und die chemischen Prozesse der Vergärung ist in Europa das gewerbliche Brennen und, in dessen Folge, der Handel mit Branntweinen aller Art aufgekommen. In beiden Bereichen erleben wir heute noch, welche Vorteile eine lange Tradition haben kann. Nicht umsonst sind die bekanntesten und auch verbreitetsten Destillate jene aus Schottland und Irland, von den Karibischen Inseln und aus Frankreich. Whisky und Rum weisen eine beinahe tausendjährige Geschichte auf, Raki und Arrak detto, und sowohl Cognac als auch Marc können ebenfalls bereits auf eine – verbürgte – mehr als 500jährige Herkunft verweisen. Im Frankreich des 17. Jahrhunderts, schreiben Mendelsohn und Engel in ihrem Werk „Vom verständnisvollen Trinken" (Wien 1952), „durfte Weingeist, Branntwein nur aus Wein, nicht aber aus einem anderen Stoff gewonnen werden. Im Osten dominierte der Branntwein auf Getreidegrundlage und verbreitete sich von dort aus weiter."

Dagegen mutet die Geschichte des edlen Schnapses, des möglichst reinen, hundertprozentigen Destillats, wie ein Lercherl an. Wir dürfen allerdings, ohne rot zu werden, heute von einem neuen Abschnitt in der schönen alten Tradition des Branntweins sprechen. Dabei spielt zwar auch die Entwicklung auf der technischen Seite eine Rolle – davon wird auch noch ausführlich zu sprechen sein –, aber hauptsächlich ist es die Philosophie der „neuen Qualität", die Suche nach inhaltlichen Verbesserungen, nach mehr Bekömmlichkeit, nach der Bewahrung des natürlichen Aromas der Früchte und der damit verbundenen Steigerung des Genusses, die diesen neuen Abschnitt bestimmt.

Die klassischen Regionen der Obstbranderzeugung werden heute von einem Netz guter, teils hervorragender Brennereien überzogen. Der kulinarische Boom der achtziger und neunziger Jahre hat im Gefolge der gestiegenen Restaurant- und Weinkultur auch der neuen Schnapskultur den Weg geebnet. Dazu war auch hier Pionierarbeit notwendig und wurde von einigen Vorreitern (insbesondere im deutschen Sprachraum) auch geleistet. In Würdigung dieser Arbeit wurde „die neue Schnapskultur" schließlich auch ein Thema für eine breite Öffentlichkeit und für die Medien. Veranstaltungen, Bücher und zahlreiche Berichte darüber brachten die Kunde unter die Leut', und diese fanden sich plötzlich in einer Welt der vielfältigen Düfte, der konzentrierten Aromen und des besten Geschmacks wieder.

Das gute Image, das Edelbrände solcherart errungen haben, hat einen regelrechten Boom auch auf der Angebotsseite ausgelöst. Mit den Verbesserungen auf seiten der Technik ist es ohne weiteres möglich, eine einigermaßen akzeptable Schnapsqualität zu erzielen.

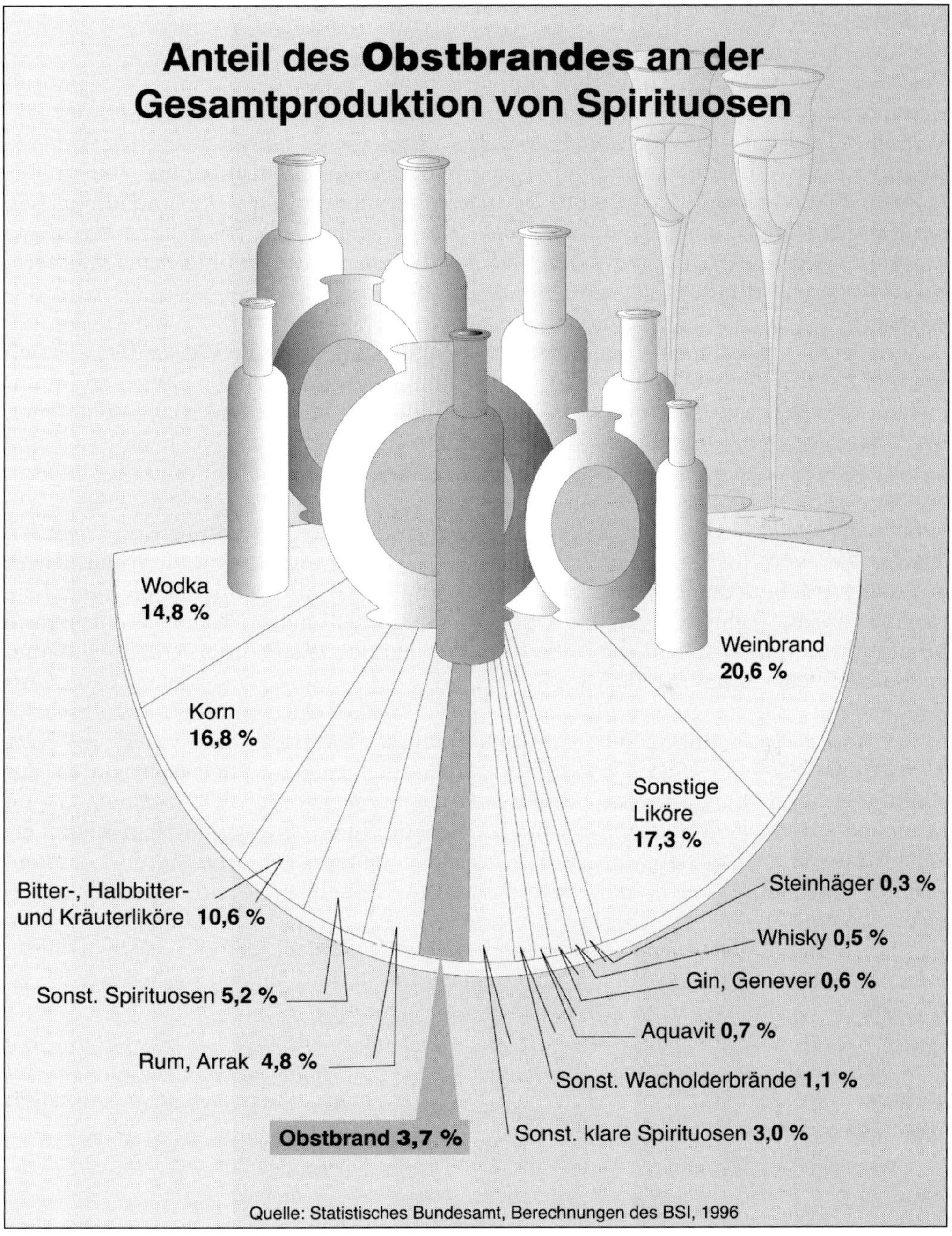

Anteil des **Obstbrandes** an der Gesamtproduktion von Spirituosen
Wodka 14,8 %
Weinbrand 20,6 %
Korn 16,8 %
Sonstige Liköre 17,3 %
Steinhäger 0,3 %
Bitter-, Halbbitter- und Kräuterliköre 10,6 %
Whisky 0,5 %
Gin, Genever 0,6 %
Sonst. Spirituosen 5,2 %
Aquavit 0,7 %
Rum, Arrak 4,8 %
Sonst. Wacholderbrände 1,1 %
Obstbrand 3,7 %
Sonst. klare Spirituosen 3,0 %
Quelle: Statistisches Bundesamt, Berechnungen des BSI, 1996

Schnaps und Technik

Destillerien sind von der High-Tech-Industrie bisher nur an der Peripherie beeinflußt worden. Um sowohl den Bedienungskomfort zu erhöhen als auch ein feines und aromatisches Destillat zu erhalten, haben in den vergangenen Jahren aber auch neue Erkenntnisse der Verfahrenstechniken Einzug in die Brennstuben gehalten.

Zentrale Bedeutung kommt bei der Destillation der Regelung und Steuerung der Temperaturen zu. Die moderne Meß- und Regeltechnik trägt dazu bei, diese präzise zu bestimmen und so im Zuge der Destillation die Grundfehler zu verkleinern, zu verringern. Grundsätzlich wird damit die Basisqualität eines Destillats reproduzierbar.

Nur: Technik allein macht noch keinen Schnaps. Schnaps ist ein Werkstück, das sich aus mehreren Teilen zusammensetzt. In welchen Ausprägungen die einzelnen Brennmeister dieses Zusammenspiel steuern, macht letztlich den Charakter, die Eigenheit, die Unverwechselbarkeit dieser inspirierenden Flüssigkeit aus. Noch gibt es keine Technik, die riechen oder schmecken kann – das Fingerspitzengefühl und die Sensorik des Menschen sind nicht ersetzbar.

Schnaps besteht in seinem wesentlichen Teil immer aus den natürlichen Vorgaben des Ausgangsprodukts, der Qualität des Obstes. Die Technik kann den Brennmeister nur dabei unterstützen, die Qualität des Ausgangsmaterials optimal zu erhalten. Moderne Einmaischtechniken – man denke nur an die Entsteinmaschinen –, kontrollierte Vergärung, verfahrenstechnisch optimierte Brenngeräte leisten gute Arbeit, sind aber noch lange kein Garant für ein Topprodukt.

Um somit zu erzielen, was dem zeitgemäßen Trinker Lust und Freude verursacht, in der Nase vielschichtige Düfte und unverkennbare Aromen konzentriert, am Gaumen Erinnerungen an Wiesen und Wälder, an Äpfel, Birnen und Beeren wachruft, Zustände der Verzückung, der Lust und des Rausches erzeugt und sich schließlich erst mit langen, denkwürdigen Abgängen zurückzieht, kurz: einen guten Schnaps zu erzielen, dazu braucht es den Menschen. Dies ist keine Frage. Erfahrung und – vor allem – sensorische Fähigkeiten sind in dieser Hinsicht wie die Butter – nämlich durch nichts zu ersetzen.

MAISCHE UND VERGÄRUNG

Die Früchte

Voraussetzung für eine gute Brennmaische sind saubere, gesunde und optimal ausgereifte Früchte. Wenn sie in den Betrieb kommen, müssen sie zeitgerecht (siehe auch Kapitel „Das Obst") verarbeitet, also eingemaischt werden. Nur frische Früchte haben jenes Aroma, das einen Qualitätsschnaps auszeichnet. Daß alle Früchte sortiert und gereinigt werden, ist für all jene eine Selbstverständlichkeit, die wirklich gute Schnäpse erzeugen wollen. Die negativen Auswirkungen unsauberer Maische sind ja hinlänglich bekannt.

Das Obst

Am wichtigsten für den Schnapsbrenner ist sauberes Obst. So sauber, daß man es gerne selber essen würde. An zweiter Stelle stehen Frische und Aromatik der Früchte. Und an dritter Stelle folgt – wie sollte es anders sein und bereits erwähnt – wieder das Obst. Die Lage, der Boden, das Klima beeinflussen die Aromabildung und die physiologische Reife. Dann kommt lange nichts. Erst viel später werden Überlegungen angestellt, wie man dieses gute, frische, aromatische und appetitliche Obst optimal verarbeiten kann.
Ohne qualitativ gute Zutaten gibt es kein großes Essen, ohne bestes Obst kann es keinen Spitzenbrand geben.

Das Maischen

Im Zuge des Maischens (Zerkleinerns) der Früchte treten Fruchtsäfte aus, und der darin befindliche Zucker beginnt zu gären. Es ist dies eine der sensibelsten Phasen der Schnapserzeugung. Neben den erwünschten Hefen wollen sich nämlich auch Schimmelpilze und Bakterien in der Maische vermehren, was es – im Hinblick auf die katastrophalen Auswirkungen auf das Endprodukt – zu verhindern gilt.

Technik des Maischens

Kernobst, wie Apfel, Birne und Quitte, wird mit einer Obstmühle (Rätzmühle) relativ feinkörnig/breiig vermahlen. Zu grob arbeitende Mühlen sind nicht geeignet. Wenn die Fruchtstücke zu groß sind, kann es zu unerwünschten Lufteinschlüssen kommen. Auch dauert es zu lange, bis diese Stücke vergoren sind.

Beerenobst, wie Himbeere, Brombeere, Erdbeere, wird meist nur gequetscht oder mit inem Rührwerk zerkleinert. Bei Holunder, Vogel- und Johannisbeere ist eine spezielle Behandlung notwendig. Analog zur Weinbereitung werden diese Beeren vor dem Einmaischen gerebelt, das heißt, es werden alle Grünteile, wie Kämme, Rispen und Dolden, von den Beeren getrennt. Die so gewonnenen Beerenbrände haben keine grünen, grasigen Nebentöne, sondern bestechen durch ihr reines, klares Fruchtaroma.

Das **Steinobst** wird beim Einmaischen nur angequetscht, damit die Steine nicht zerstört werden. Das in den Steinen enthaltene Amygdalin würde beim Zerstören der Steine nämlich in Blausäure umgewandelt, die in höheren Dosen stark gesundheitsgefährdend ist. Für beide Substanzen gelten gesetzlich festgelegte Obergrenzen, von denen die Qualitätsbrenner allerdings weit entfernt sind.

Darum: Sehr vorsichtiges Anquetschen, keine Steine zerstören, gegebenenfalls – bei besonders empfindlichen Obstarten – vor dem Vermaischen das Obst entsteinen.

Absolute Vorsicht ist beim Pumpen von steinhältigen Maischen geboten. Die meisten Pumpen zerstören einen Teil der Steine.

Die Steine müssen spätestens nach der Gärung entfernt werden. Ansonsten tritt ein nicht erwünschter Bittermandelton in den Vordergrund und überdeckt die feinen Nuancen des Fruchtaromas. Dieser Bittermandelton wird von Laien manchmal als „gutes Aroma" angesprochen. Viele Fachleute haben aber etwas dagegen, sie möchten lieber das Fruchtaroma herausschmecken und nicht das Steinaroma im Vordergrund haben.

Entsteint wird professionell bereits beim Maischen mit Walzenentsteinmaschinen. Anschließend kann ein Teil (10–30 %) der Steine der Maische wieder zugesetzt werden.

Im Zuge der Vergärung setzen sich die Kerne ab, und wenn man geeignete Behältnisse hat, können sie nach der Gärung relativ leicht von der übrigen Maische getrennt werden. Dies ist bei allen Sorten möglich, bei Kirschen genauso wie bei Marillen, Zwetschken oder Pfirsichen.

Turbogärung

mit Reinzuchthefen, Enzymen, Hefenährsalzen und Säurezusatz: Selbstverständlich sind die Prozesse der Gärung und Verflüssigung der Maische auf weiten Strecken auch wissenschaftlich erforscht. Dazu gibt es reichlich Fachliteratur, auch am Brennereisektor (siehe Literaturhinweise). Chemisch-technisch sollte man möglichst rasch vergären und einen möglichst hohen Verflüssigungsgrad erreichen. Die Alkoholausbeute ist höher, die Gärung sauberer, die Maische flüssiger und leichter zu verarbeiten. Wird gar noch angesäuert, so kann man die Maische bedenkenlos über längere Zeit lagern.

Reinzuchthefen

War die ursprüngliche Absicht für den Einsatz von Reinzuchthefen die saubere rasche Gärung bei maximaler Alkoholausbeute, so ist man inzwischen schon einige Schritte weiter. Es gibt, analog zur Weinbereitung, geradezu einen Boom von neuen Reinzuchthefestämmen: Stämme, die langsam oder schnell, neutral oder aromaverstärkend vergären, ein frisch grasiges oder blumiges Aroma erzeugen, vermehrt Terpene (Hauptbestandteil ätherische Öle) bilden oder auch nicht usw.

Hier liegt bestimmt noch ein weites Betätigungsfeld für den modernen Brenner. Die Steigerung der Ausbeute um einige Zehntel Prozent sollte aber nicht das Maß aller Dinge sein.

Hefenährsalze

Zur Unterstützung der Gärleistung der Hefen und zur Sicherung eines hohen Endvergärungsgrades kann man Hefenährsalze – meist Ammoniumphosphat oder Ammoniumsulfit – zusetzen.

Enzymatischer Pektinabbau

Pektin ist ein Polysaccharid, bestehend aus vernetzten, teilweise mit Methanol veresterten Polygalakturonsäuren. Bei der Marmeladebereitung wird es als Geliermittel verwendet. Es kommt in allen Früchten vor. Je fester und fleischiger die Frucht (z.B. Johannisbeeren), um so höher der Pektingehalt.

Pektinabbauende Enzyme sind in jeder Frucht vorhanden. Durch Handelspräparate können der Pektinabbau und somit die Verflüssigung der Maische beschleunigt werden. Je schneller das Fruchtfleisch aufgeschlossen wird, um so rascher gelangen die Hefen an ihren Rohstoff, den Fruchtzucker, um so rascher und vollständiger erfolgt die Gärung.

Methanol

Das Thema „Methanol“ kommt praktisch bei allen Früchten vor. Die Menge ist unmittelbar mit dem Pektingehalt der Frucht verbunden. Fleischige, feste Früchte enthalten mehr Pektin, weiche Früchte weniger. Man kann die Freisetzung von Methanol in der Frucht nicht verhindern.

Die Entsteinmaschine…

… trennt die Kerne …

… vom Fruchtfleisch

Saftige, gut aufbereitete Marillenmaische

Händisches Rühren der Maische

Zwar gäbe es technisch die Möglichkeit, mittels Hitzeinaktivierung aller natürlichen Enzyme den Vorgang der Freisetzung des Methanols zu stoppen. Dazu müssen jedoch die gesamte Vergärung und Lagerung der Maische sowie der Zusatz hochtechnisierter Enzympräparate unter sterilen Bedingungen durchgeführt werden. Das Resultat, kann man sich vorstellen, wäre ein „steriler" Brand.

Durch den Zusatz von Enzymen wird der Methanolgehalt der Destillate tendenziell erhöht. Ebenfalls kann, je nach Handelspräparat, das Aroma beeinflußt werden. Ob positiv oder negativ, bleibt von Fall zu Fall zu beurteilen.

Besonders stark sind die Methanolfreisetzung und Aromabeinflussung bei Enzymen, welche neben ihrer pektolytischen (pektinspaltenden) auch noch eine starke zellulolytische (Zellulose spaltende) Aktivität besitzen. Das Fruchtfleisch wird über das übliche Maß hinaus angegriffen, und zusätzlich andere Aromastoffe sowie Methanol werden freigesetzt.

Bei der Destillation kommt Methanol trotz des niedrigen Siedepunktes in allen Fraktionen vor. Paradoxerweise sogar verstärkt im Nachlauf. Es gibt technisch nur die Möglichkeit, mit großen Verstärkerkolonnen Methanol destillativ zu entfernen. Das Resultat ist jedoch kein Fruchtbrand, sondern ein neutraler, hochgereinigter Alkohol. Qualitativ hochwertiger Schnaps wird immer eine kleine Menge Methanol enthalten. Es ist dies geradezu ein Indiz für seine Unverfälschtheit und Reinheit.

Apropos Methanol

Methanol ist giftig. Obstbrände enthalten jedoch so geringe Mengen an Methanol, daß man bei deren Konsum bereits an Alkoholvergiftung verstorben wäre, bevor das Methanol wirklich giftig für den Organismus ist. „Allein die Dosis macht, daß ein Ding kein Gift ist."
Auch beim Verzehr von Früchten wird das Pektin durch die Magensäure gespalten, das gesamte Methanol freigesetzt und vom Körper aufgenommen. In diesem Fall müßte auch der Verzehr von Obst giftig sein.

Säurezusatz

Ein niedriger pH-Wert von ca. 2,8–3,0 wirkt bakterienhemmend. Werden Maischen länger gelagert, so empfiehlt sich die Einstellung des pH-Wertes auf dieses Niveau. Insbesondere bei säurearmen Maischen (z.B. bei Kirsch oder Williams) wird ein Säurezusatz empfohlen. Die einfachste und billigste Form wäre Schwefelsäure. Es gibt auch weniger aggressive Rezepturen, welche eine Kombination von Phosphor- und Milchsäure empfehlen.

Allgemein kann festgehalten werden, daß säurereiche Früchte (Marille, Hauszwetschke,...) nicht angesäuert werden sollten. Auch bei säurearmem Obst sollte man mit der Säure sparsam umgehen. Wird zuviel davon zugesetzt (gilt besonders bei Schwefelsäure), so ergibt dies neutralere, dünnere Schnäpse.

Die gesamte Fachliteratur zum Thema „Obstbrennerei" widmet den Themen Sauberkeit, Sterilität und Wirtschaftlichkeit ihr Hauptaugenmerk. Wohl zu Recht, denn es sind noch immer viele fehlerhafte Schnäpse in Umlauf. Man muß zuerst das Einmaleins lernen. Beherrscht man dieses erst einmal, darf man sich an die höhere Mathematik heranmachen – wie ein Käser. Zuerst muß er alles über die Sterilität und Hygiene von Milch, Lab und Bakterien wissen, um dann seinen besten Käse aus nicht pasteurisierter Milch zu erzeugen.

Sanfte Spontangärung ohne Zusätze

Alle Früchte sind von Natur aus mit einer großen Menge an Hefen, Hefenährstoffen und Enzymen ausgestattet. Auch ohne besondere Anstrengungen tritt binnen einiger Stunden, maximal nach ein bis zwei Tagen, eine Spontangärung ein. Die von Natur aus in den Früchten vorkommenden Enzyme beginnen gleichzeitig, diese zu zersetzen. Der Prozeß bekommt eine eigene Dynamik.

Die alkoholische Gärung setzt Wärme und Kohlendioxid frei. Die Wärme sorgt für eine erhöhte Enzymaktivität, das nach oben entweichende Kohlendioxid durchmischt die Maische, öffnet und durchwirbelt die Zellen und Fruchtstücke und sorgt so für immer neue Angriffsflächen, an denen die Enzyme ihre Arbeit verrichten können.

Tendenziell verläuft die Spontangärung langsamer, bei geringerer Erwärmung. Daher gibt es auch weniger Aromaverluste.

Steuerung der Temperatur

Die Gärung kann über die Temperatur entscheidend gesteuert werden: Unter 15° C gärt die Maische zu langsam, und es besteht die Gefahr eines vorzeitigen Gärstopps. Dabei können Gärungsnebenprodukte auftreten, die nicht reintönig und daher unerwünscht sind. Über einer Temperatur von 25° C vollzieht sich die Gärung dagegen zu rasch. Aromaverlust und etwas „dünnere" Schnäpse sind das Resultat. Die optimale Gärtemperatur liegt somit zwischen 16 und 20° C. In diesem Bereich ist eine aromaschonende und zügige Vergärung gewährleistet.

Im Herbst, wenn es schon sehr kalt wird, kommt es vor, daß die Früchte oft unterkühlt, mit 3° C etwa, hereinkommen. Dann kann die Maische durch beheizbare Tanks auf ca. 18° C aufgewärmt werden und dadurch sofort in Gärung gehen. Würde nicht angewärmt werden, dauerte es Tage, oft sogar einige Wochen, bis die Gärung überhaupt eingeleitet wird. Und es stellt nun einmal ein großes Risiko dar, wenn die gemaischten Früchte nicht sofort zu gären beginnen.

Im Sommer, wenn bei hohen Außentemperaturen geerntet wird, kann es umgekehrt geschehen, daß die Maische zu warm ist und daß die Energie, die im Verlauf der Gärung entsteht, diese Maische nochmals erwärmt: Dann ist es notwendig, zu kühlen.

Vergärt man zu heiß, verpufft das Aroma, und die Maische verliert einen Großteil der Aromastoffe. Vergärt man zu kalt, entsteht das Risiko des verzögerten Angärens. Obwohl in diesem Prozeß alles auf natürliche Weise abläuft, darf trotzdem nichts dem Zufall überlassen werden. Der Vergärungsvorgang muß zu jeder Zeit möglichst gut überschaubar, der gesamte Prozeß zu jeder Zeit steuerbar sein.

Die temperaturgesteuerte Vergärung ist heute noch nicht jedermanns Sache. Aber die Brenner haben viel gelernt, in erster Linie von den Winzern. Beim Wein hat der enorme Qualitätssprung auch viel mit neuen technischen Erkenntnissen zu tun, nicht zuletzt eben mit temperaturgesteuerter Vergärung, die das Aroma und die Fruchtigkeit, vor allem der Weißweine, bewahrt. Dazu verwendet man beheizbare (über Rippen- oder Bodenheizung) und kühlbare (über Kühlrippen, Kühlplatten oder Berieselung) Tanks.

Maischebehälter

Im Verlauf der Gärung verwandeln die Hefen den vorhandenen Fruchtzucker in Alkohol und Kohlendioxid, wobei letzteres einen natürlichen Schutz für die Maische darstellt. Durch die Kohlendioxid-Entwicklung wird der Sauerstoff verdrängt und somit allen unerwünschten Mikroorganismen ihr Lebenselixier entzogen. Diese „Schutzgasatmosphäre" wird durch das hermetische Verschließen des Behälters ermöglicht, wobei ein Gärspund das entstehende Kohlendioxid entweichen, jedoch keinen Sauerstoff eindringen läßt.

Weiche Birnen ergeben die beste Maische

Gerebelt und sortiert wird von Hand

In diesem Zusammenhang erhebt sich auch die Frage nach dem am besten geeigneten Material für Maische- und Vergärungsbehälter. Viele Betriebe arbeiten heute schon mit Edelstahl. Er läßt sich sehr leicht reinigen, man kann sehr hygienisch damit arbeiten. Auf der anderen Seite ist es genauso möglich, glasfaserverstärkte Kunststoff- und Polyäthylentanks oder diverse andere lebensmittelechte Kunststoffbehältnisse zu verwenden.

Dem neuesten Stand der Technik entspricht die Vergärung in Rührwerktanks, in denen durch Ausmischen ein homogenes Gärgut entsteht und durch Temperatursteuerung ein kontrollierter Gärprozeß möglich wird.

Mischen oder Rühren

Dünnflüssige, breiige Maischen (z.B. Kernobst, Steinobst ohne Stein, Himbeeren,...) sind bereits so homogen, daß man sie auf keinen Fall mehr rühren sollte. Bei manchen Früchten (z.B. Holunder, Vogelbeere,...) kommt es während der Gärung zum Aufsteigen der festen Maischeteile. Sie bilden an der Oberfläche den sogenannten Tresterhut. Dieser muß zumindest zweimal täglich untergestoßen werden, weil er sonst austrocknen und der Maische ein strohiges Aroma verleihen würde.

Am besten sind dazu langsam laufende Balkenrührwerke geeignet. Kleine Behältnisse können auch händisch durchmischt oder durch Rundpumpen mit dünnflüssiger Maische überflutet werden.

Das Rühren beschleunigt die Gärung. Es empfiehlt sich daher, während der Hauptgärung darauf zu verzichten, um die Gärung sanft ausklingen zu lassen. Erst in die abgehende Gärung wird wieder gerührt.

Besonders wichtig ist das Rührwerk zur Erzeugung einer homogenen Maische unmittelbar vor dem Brennen.

Nach dem Ende der Gärung ist sicherzustellen, daß alle Behälter aufgefüllt werden und kein Leerraum verbleibt, damit auch jetzt kein Sauerstoff mit der Maischeoberfläche in Berührung kommen kann.

Lagerung der Maische

Die Frage, wie lange die Maische nun liegen soll, kann deswegen nicht generell beantwortet werden, weil dies von Obstart zu Obstart unterschiedlich lange dauert bzw. möglich ist. Generell ist nur festzuhalten, daß zartfruchtige Maischen früher, robuste, intensivfruchtige Maischen eher später destilliert werden. Sinnvoll ist es in jedem Fall, die in der vergorenen Maische stattfindenden Veresterungsvorgänge abzuwarten und nicht zu früh zu destillieren.

Unmittelbar bei Gärende destillierte Maischen ergeben primärfruchtige, sehr früh entwickelte Produkte mit einer tendenziell geringen Lagerfähigkeit. Erfolgt die Destillation dagegen erst sehr spät, also nach mehreren Monaten, so erhält man in der Regel einen volleren, kräftigeren Schnaps, der freilich zu weniger Finesse tendiert und manchmal einen unangenehmen „Maischeton" aufweist.

Der moderne Schnapsbrenner überläßt alles der Natur, aber nichts dem Zufall. Er geht an die Grenze. Wie ein Koch. Auf den Punkt. Es darf nichts anbrennen, aber knusprig sollte es trotzdem sein.

DESTILLATION

Man sagt, die Geburt des Weines ist die Gärung. Das Stöhnen und Murmeln, Gluckern und Dampfen während der Gärung sind die Geburtswehen, am Ende steht ein Neugeborenes; ein tolpatschiges, junges, unfertiges, aber doch einzigartiges Baby.

Wenn dem so ist, so wird der Schnaps zweimal geboren. Die Wehen der Gärung muß er genauso durchleben wie der Wein. Allerdings nur, um festzustellen, daß es sich um die Vorwehen gehandelt hat. Die eigentliche Geburt folgt erst später, im Brennkessel, bei der Destillation.

Destillieren

Wird eine Flüssigkeit über den Siedepunkt erhitzt, so entstehen Dämpfe. Werden diese anschließend wieder kondensiert, so spricht man vom „Destillieren".

Dephlegmation

Kühlt man die Dämpfe in einer Destillationsapparatur, so spricht man von Dephlegmation. Ein Teil der Dämpfe (vor allem höher siedende Komponenten) kondensieren und laufen zurück. Die Komponenten mit dem niedrigeren Siedepunkt werden im Dampf angereichert.

Verstärkung

Die Anzahl der Glockenböden und die Temperatur (Kühlwirkung) des Dephlegmators bestimmen den Grad der Verstärkung. Es muß festgehalten werden, daß eine höhere Verstärkung größere Strömungsgeschwindigkeiten und somit auch höhere Temperaturen in der Brennblase voraussetzt.

Siedepunkt

Liegen Stoffe mit unterschiedlichem Siedepunkt vor, so kommt es zu einer Anreicherung oder Verstärkung jener Komponente mit dem niedrigeren Siedepunkt im Dampf.

Wasser	100,0°	C	
Alkohol	78,3°	C	
Methanol	68,0°	C	
Höhere Alkohole (Fuselöle)	115,0–120,0°	C	und darüber
Acetaldehyd	68,0°	C	
Essigsäureethylester	77,1°	C	
SO_2	– 10,0°	C	
Essigsäure	117,9°	C	

Je niedriger der Siedepunkt, desto früher verdampft der jeweilige Inhaltsstoff (Ausnahmen – siehe Methanol – bestätigen die Regel). Leichtflüchtige Substanzen finden sich im Vorlauf, schwerflüchtige im Nachlauf.

Strömungsgeschwindigkeit

Je langsamer die Strömungsgeschwindigkeit der Dämpfe, um so besser die Trennung zwischen hoch- und niedersiedenden Komponenten. Je rascher, um so mehr unterschiedlich siedende Komponenten werden gleichzeitig mitgerissen. Je niedriger die Temperatur in der Brennblase, um so langsamer die Strömungsgeschwindigkeit.

Die Strömungsgeschwindigkeit ist somit bei der Gleichstromdestillation wesentlich geringer als bei der Gegenstromdestillation.

Rücklauf

Das ist die Menge an rücklaufendem Kondensat im Vergleich zu den aufsteigenden Dämpfen. Auch bei der klassischen Gleichstromdestillation ist ein gewisser Rücklauf durch die (Luft-)Kühlung des Helmes und des ansteigenden Geistrohres gegeben. Dieser ist jedoch wesentlich geringer als bei der Gegenstromdestillation mit Kolonne.

Vorlauf und Nachlauf

Vorlauf ist der erste Teil der Destillation, welcher üblicherweise verworfen wird. Er sticht bereits in der Nase, bevor er riecht. Es ist dies kein eigentliches Geruchsempfinden, sondern ein Schmerz, der die Nasenschleimhäute reizt. Aber auch der Geruch, welcher an Lösungsmittel, Nagellackentferner oder Alleskleber erinnert, ist mindestens genauso schlimm.

Die Abtrennung vom Vorlauf ist so ziemlich das erste, das jeder Anfänger in der Brennerei zu lernen imstande ist. Dies beweist auch, daß relativ selten Schnäpse mit deutlichem Vorlauf in Verkehr gesetzt werden.

Anders verhält es sich mit dem **Nachlauf.** Dieser ist sensorisch eher am Gaumen zu erkennen, ausgenommen einige Prachtexemplare, welche sogar in die Nase springen können. Auf diese näher einzugehen, scheint hier nicht der richtige Ort zu sein.

Die Meister der Sparsamkeit

Die in manchen Betrieben verbreitete Methode der Vorlaufabscheidung ist eine rein optische: Am Beginn jedes Brennvorganges befindet sich in der Alkoholvorlage noch das niedrigprozentige Destillat des vorherigen Brandes. Der erste Vorlauf wird also stark verdünnt und läuft sofort trübe. Um dies zu erkennen, braucht es gar keinen Brennmeister. Es reicht meist bereits ein Hilfsarbeiter. Dieser wird dann auch feststellen, daß, sobald der Nachlauf aus der Vorlage verdrängt ist, diese bereits klar wird. Nun wird auf Mittellauf umgeschaltet.

Tatsächlich hat man nur einen Beitrag geleistet, um die Leitungen von Trubstoffen sauberzuhalten; vom tatsächlichen Vorlauf hat man nur 5–10 % abgetrennt. Nachdem diese dem nächsten Brand wieder zugesetzt werden, belaufen sich die Verluste auf praktisch Null.

Will man wirklich saubere Destillate, so muß der Vorlauf (je nach Maische 4–8 % des gesamten Feinbrandes) abgetrennt und entsorgt werden. Dies gilt ebenfalls für den Nachlauf (je nach Frucht 10–30 %).

Wird der Vorlauf eindeutig als eklatanter Schnapsfehler erkannt, so ist dies beim Nachlauf schon wesentlich seltener. Er ist ein verdeckter Fehler, heimtückisch und hinterhältig. Häufig spricht man – in Unkenntnis des Sachverhaltes – von Aromanote, Betriebsstilistik, Sortencharakter und ähnlichem.

Gerade das Gegenteil ist der Fall. Für den Konsumenten hat ein verdeckter, schwer zu erkennender Fehler wie der Nachlauf viel fatalere Folgen als ein eindeutig fehlerhafter Brand, welcher gleich gar nicht eingekauft wird. Dies äußert sich auf zweierlei Weisen:

Zum ersten brennen die Fuselöle am Gaumen. Man wundert sich oft, daß ein Brand mit 38% Vol. so scharf wie ein 50%iger schmeckt. Die Ursache ist zumeist ein deutlich erhöhter Nachlaufgehalt. Dies ist auch mit ein Grund für die landläufige Meinung, Schnaps müsse auf 40% Vol. oder darunter eingestellt werden, damit er wirklich mild schmeckt.

Zum zweiten haben diese Substanzen noch die tückische Eigenschaft, beim Kontakt mit Luft zu kondensieren, um damit dem Brand erst recht das Rückgrat zu brechen.

Geöffnete Flaschen neigen dazu, sehr rasch schal und brackig zu werden. Man sagt dann: „Der Schnaps ist verraucht", in Wirklichkeit kommt der abgestandene, verrauchte Geschmack nicht durch den Alkoholverlust, welcher sich meist im marginalen Bereich abspielt, sondern von den kondensierten Fuselölen.

Sauber destillierter Schnaps, ohne Nachlauf, verträgt auch höhere Alkoholgrade, was ihn wiederum gegenüber seinen leichtbrüstigen Kontrahenten voller am Gaumen, intensiver im Aroma und länger haltbar macht.

Sauberer Schnaps, frei von Nachlauf, wird an der Luft immer besser. Dies gilt sowohl für angebrochene Flaschen – über mehrere Monate – als auch für eingeschenkte Gläser – über viele Stunden!

Gleichstrom- und Gegenstromdestillation

Durch verschiedene Einbauten in den Helm (Dephlegmator, Glockenböden,...) wird ein Teil der Dämpfe zurückgeführt. Es entsteht ein Gegenstrom des zurückfließenden Destillates zu den aufsteigenden Dämpfen. Je intensiver der Rückfluß, um so stärker ist das Destillat.

Die Gleichstromdestillation entspricht dem traditionellen Verfahren mit Rauh- und Feinbrand. Das Destillat wird nicht verstärkt und ist daher auch nicht ausreichend stark (Rauhbrand). Es muß nochmals destilliert werden (Feinbrand).

Kolonnendestillation

Kolonne ist die landläufige Bezeichnung für eine Destillationsapparatur mit Verstärker, meist mit Glocken- oder Siebböden und darüber liegendem Dephlegmator. Aus diesem Grund heißen die darauf hergestellten Destillate Kolonnenbrände.

Dieser Begriff verdient nähere Betrachtung. Was ist das Charakteristische an diesen Bränden? Kann man sie von Rauh- und Feinbränden auch sensorisch unterscheiden? Nicht immer, aber soweit es sich um vergleichbare Rohstoffe handelt, wird man in der Mehrzahl der Fälle einen Unterschied merken.

Fest steht jedenfalls, daß sich die Kolonne vor allem aus wirtschaftlichen Gründen in den letzten Jahrzehnten auch bei den Klein- und Abfindungsbrennern durchgesetzt hat. Sie ist mittlerweile wesentlich weiter verbreitet als die klassischen Brenngeräte.

Destillationsverhalten der Kolonne:

Am Beginn jedes Brennvorganges ist die Apparatur noch relativ kalt und somit die Verstärkung sehr hoch. Die Abtrennung des **Vorlaufes** ist daher sehr einfach und auch sauber und exakt möglich.

Im **ersten Drittel** sammelt sich eine unglaublich konzentrierte Aromafülle. Das Destillat ist frisch, fruchtig, aber gleichzeitig voll und dicht.

Es ist in Mode gekommen, bei Verkostungen und Bewertungen mehrere Fraktionen einer Sorte einzureichen, z.B. Williams Nr. 1, 2, 3,... usw. Erfahrungsgemäß ist die Fraktion aus dem ersten Drittel häufig unter den Siegern anzutreffen. Kaufen kann man diese Schnäpse freilich nie, vermarktet wird ja die gesamte Produktion, also der Verschnitt aller Fraktionen.

Dieses dichte Aroma hält sich aber nicht sehr lange. Schon bald schlagen im **zweiten Drittel** auch höher siedende Substanzen durch. Man muß den Rücklauf erhöhen, sprich entweder Böden schließen oder die Kühlwasserzufuhr im Dephlegmator erhöhen. Damit der Destillatstrom aber nicht versiegt, muß gleichzeitig durch eine höhere Blasentemperatur die Strömungsgeschwindigkeit erhöht werden.

Dies offenbart sich dann im **dritten Drittel,** wo die höher siedenden Komponenten (Fuselöle,...) extrem durchschlagen. Will man diese aus dem Destillat entfernen, muß man es einer zweiten Destillation unterziehen. Das Ergebnis ist dann ein sauberer, aber relativ neutraler Brand.

So mancher Kolonnenbrenner schwört im Sinne des eigenen schlechten Gewissens oder aus reinen Marketingüberlegungen seinen Kunden gegenüber Stein und Bein, daß er selbstverständlich doppelt brenne. Es sei ja schließlich die altbewährte Methode, an der man besser nicht rütteln sollte.

Auch die Mischung aus allen dreien läßt die erhöhte Anwesenheit von Nachlaufkomponenten erkennen.

Um bei den niedrigen Alkoholgehalten in der Maische noch auf eine entsprechende Verstärkung zu kommen, muß die Kolonne mit extrem hoher Rücklaufrate, Strömungsgeschwindigkeit und Blasentemperatur betrieben werden, welche ebenfalls zu Aromaschädigungen führen können.

Kolonnenbrände weisen also tendenziell erhöhte Nachlaufgehalte auf, was sich auf die Reintönigkeit, Milde und Haltbarkeit negativ auswirken kann.

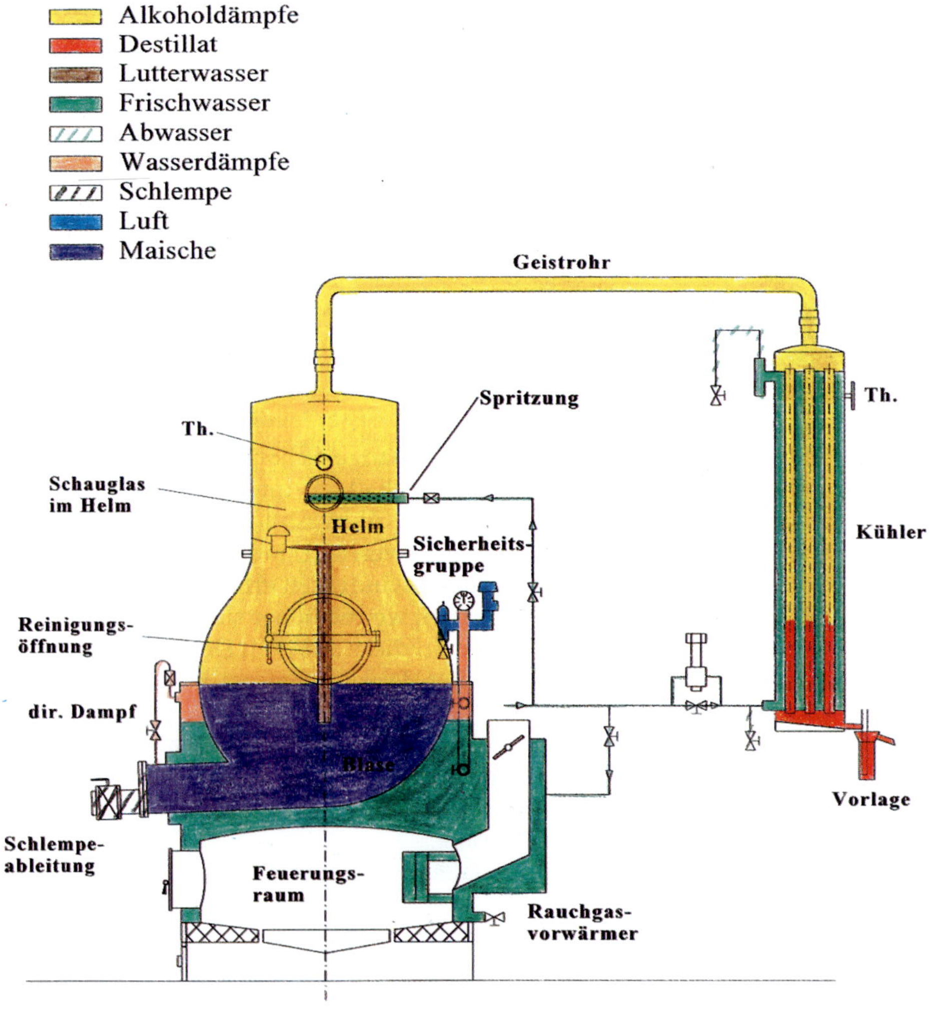

Schema einer Gleichstromdestillation

Einfache Wasserbadbrennerei ohne Verstärkungseinrichtungen

Doppelte Destillation

Wenn die alten Bauern vom Schnapsbrennen sprachen, gab es eine obligatorische Frage: „Brennst einfach oder brennst doppelt?“ Was soviel bedeutete wie: „Machst einen einfachen Schnaps oder einen ordentlichen?“ Zeitlebens war der „doppelt brennte“ nicht nur der stärkere, sondern auch der bessere.

Diese alte Tradition wurde, wie es scheint, von der Technik überrollt. Das Doppeltbrennen ist heute die absolute Ausnahme. Es braucht mehr Zeit, mehr Arbeit, mehr Energie – mit einem Wort: die Alkoholgewinnung ist nicht so wirtschaftlich.

Lediglich im Cognac hält man an der Tradition fest, sogar den Wein, welcher ohnehin nahezu immer ein sauberes, neutrales Destillat ergibt, doppelt zu brennen. Feinschmecker auf der ganzen Welt bescheinigen dem Cognac aber immer noch, der Zartgliedrigere, Feinere, Elegantere zu sein; im Vergleich zu seinem etwas rauheren und ungehobelten Bruder, dem Armagnac, der aus der Kolonne kommt.

Der Rauhbrand

Wie der Name bereits andeutet, darf es hier etwas rauher zugehen als beim anschließenden Feinbrand. Wichtig ist, daß man trotzdem schonend und langsam brennt; einerseits, um die Maische nicht anbrennen zu lassen, andererseits, um nicht zu viele Nachlaufkomponenten zu verschleppen, die dann im Feinbrand wieder abgetrennt werden müssen.

Normalerweise werden herkömmliche Maischen ohne Dephlegmator gebrannt. Für einzelne Beeren- oder Wildfrüchte mit extrem niedriger Ausbeute kann man – falls vorhanden – über den Dephlegmator vorsichtig kühlen.

Das Abtrennen vom Vorlauf im Rauhbrand ist eine reine Alibihandlung. Es sind bereits zu Destillationsbeginn so hohe Temperaturen erreicht, daß einige höhersiedende Substanzen mitdestillieren. Zusätzlich werden durch aufplatzende Fruchtstücke auch im weiteren Verlauf der Destillation immer wieder Vorlaufkomponenten freigesetzt, die aber nicht mehr abgeschieden werden.

Ein Herzstück aus dem Rauhbrand zu nehmen, erübrigt sich also von vornherein, weil dieses niemals sauber sein kann.

Wichtig ist, den Rauhbrand rechtzeitig (je nach Sorte zwischen 12 und 5% Vol.) zu beenden. Zwar verzichtet man dadurch auf einen Teil der Ausbeute, hat aber beim anschließenden Feinbrand wesentlich weniger Nachlaufkomponenten und derbe „Blasenaromen“ abzutrennen.

Der Feinbrand

Geduld ist die Mutter der Porzellankiste oder der Vater des Feinbrandes. Die Rahmenbedingungen für eine Trennung der verschiedenen Inhaltsstoffe des Destillates sind erst im Feinbrand optimal. Wir arbeiten nun nicht mehr mit einer Maische, welche einzelne Komponenten verzögert abgibt, sondern mit einer Flüssigkeit, welche eine exakte Trennung viel besser zuläßt.

Langsam und vorsichtig lautet die Devise. Zeit spielt keine Rolle. Nach einer raschen *Anheizphase* wird die Energiezufuhr bereits gestoppt, bevor die ersten Tropfen anlaufen. Man riecht nun schon *niedersiedende Komponenten,* welche nicht kondensieren. Nun heißt es warten. 10–15 Minuten vergehen, dann beginnt der *Vorlauf* zu fließen. Hauchdünn, dünner als ein Zwirnsfaden, kein Tropfen löst sich von der Ausmündung der Vorlage. Es läuft so langsam, daß es durch die Kohäsion von der Mündung zurück, die Vorlage entlang nach unten fließt. Solange man Vorlauf abtrennt, sollte man nicht schneller werden.

Erst nach Gutbefund durch die Verkostung kann man rascher destillieren. Man muß allerdings maßhalten, damit man nicht zu schnell ist und der Nachlauf nicht vorzeitig – ähnlich wie bei den Kolonnenbränden – durchschlägt.

Der *Mittellauf* – auch *Herzstück* genannt – nimmt nun einen beträchtlichen Teil des Destillierprozesses ein. Sinken die Alkoholgrade bereits auf 65–55% Vol., so ist Vorsicht geboten. Man verkostet, ähnlich wie beim Vorlauf, und schaltet schließlich auf *Nachlauf* um. Lieber früher als zu spät! Der nun anfallende Nachlauf wird ebenfalls durch rechtzeitiges Abstellen in Grenzen gehalten.

Frische Früchte beim Feinbrennen?

Nach altem Hausrezept sollte man dem Rauhbrand noch frische Früchte zugeben, zerkleinern und beim Feinbrennen mitdestillieren. Man erwartet sich davon eine Intensivierung der primären Aromen. Dies mag zum Teil seine Richtigkeit haben, der Erfolg hält sich aber bestimmt in Grenzen. Die erste Frage, die sich aufdrängt, lautet: Wie frisch können die Früchte überhaupt noch sein, wenn man erst einige Wochen oder Monate nach dem Einmaischen destilliert? Auch sollte man dem Schnaps zugestehen, nicht nur nach frischen Früchten, sondern auch nach allen durch die Vergärung entstandenen Aromen zu schmecken.
Hat man ausschließlich gutes Obst verarbeitet, sauber vergoren und vorsichtig destilliert, so sollte der Schnaps keiner zusätzlichen Aromakorrektur bedürfen.

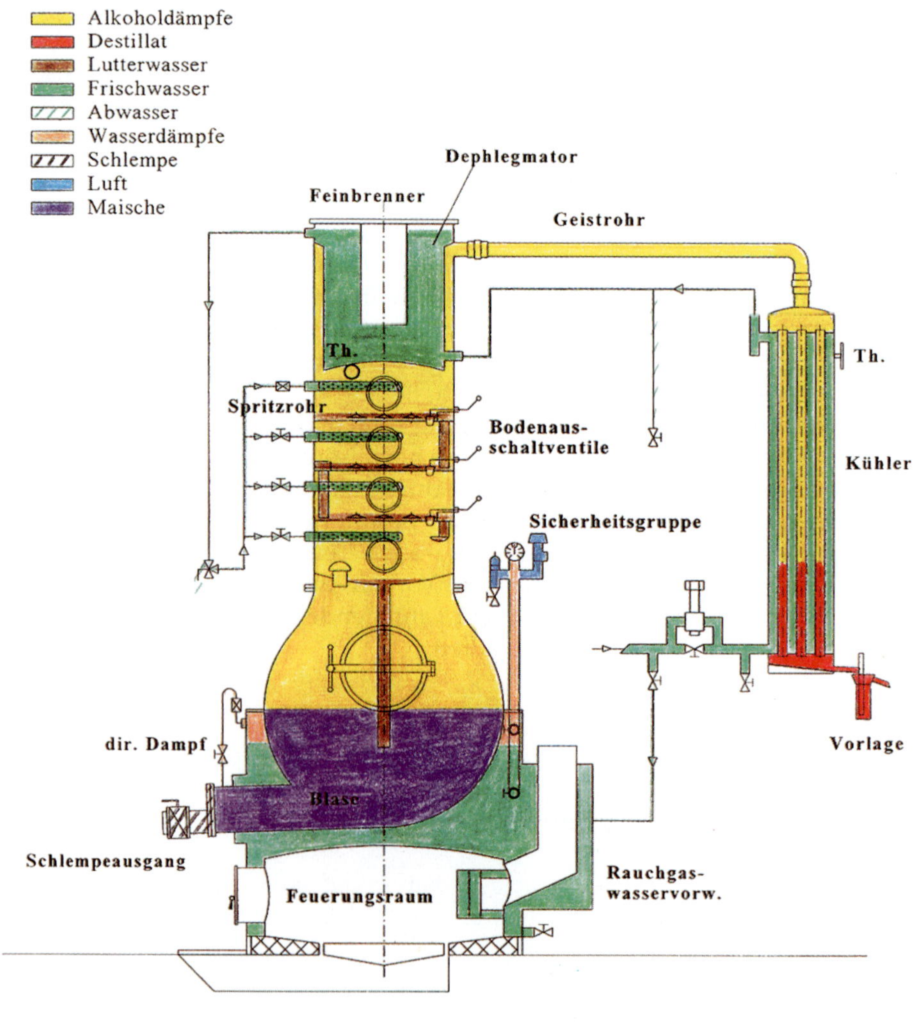

Schema einer Gegenstromdestillation

Kolonnenbrennerei mit drei Verstärkerböden

Der Nachlauf wird nochmals gebrannt. Er enthält bei einigen Destillaten noch wertvolle Komponenten, welche nur gereinigt werden müssen. Bei anderen Sorten gewinnt man nur mehr relativ neutralen Alkohol, welcher anderweitig verwendet und dem Destillat nicht mehr zugesetzt werden sollte.

Dieses sorgfältig gewonnene Herzstück mit ca. 65–70% Vol. Alkohol, jungfräulich und unbelastet von Vor- und Nachlauf, entfaltet seine wirkliche Kraft und Eleganz erst beim zweiten Hinschauen. Nur selten ist es eine Liebe auf den ersten Blick. Ein wahrer Schnaps ist nicht vordergründig. Er blendet nicht. Die wirkliche Kraft kommt nicht in der Nase, sondern am Gaumen, der Druck und der Nachhall müssen im Abgang noch da sein.

Brenngeräte

Nachdem das Rad bereits erfunden wurde, tut man sich heute schwer, große Neuerungen auf dem Brenngerätesektor zu bringen. Das magische Zauberwort – nahezu in allen Firmenprospekten angepriesen – heißt Katalysator, was auch immer das bedeuten mag.

Der gesamte Kupferkessel ist ein einziger Katalysator, sofern er nur wirklich blank geputzt ist. Ist die Anlage nicht blank, das heißt das Kupfer nicht rötlich-gelbhell, so nützen auch die tollsten Einbauten mit den verwegensten Namen (Turbokatalysator,...) nichts.

Der Werkstoff *Kupfer* für den „heißen" Teil der Anlage bleibt aufgrund seiner katalytischen Wirkung noch immer unerreicht, genauso wie *Edelstahl* für den „kalten".

Das Kupfer sollte immer sauber und blank sein. Nur so kann es seine katalytische Wirkung erfüllen. Zusätzliche Einbauten von Kupferregistern, die eine verbesserte katalytische Wirkung erzielen sollen, scheinen nur sinnvoll, wenn sie auch gut zugänglich und leicht zu reinigen sind.

Die Standardreinigung erfolgt zwar durch mehrere eingebaute *Sprühbälle,* dies bedeutet jedoch nur, daß die Oberfläche frei von Schlemperesten ist. Will man das Kupfer als Katalysator nutzen, ist eine händische Reinigung mit abrasiven sauren Reinigungsmitteln notwendig. Dies gilt sowohl für Blase und Helm als auch für Glockenböden, Dephlegmator und alle anderen Einbauten.

Weniger Einbauten erleichtern die Reinigung. Bei Glockenböden muß unbedingt für jeden Boden eine ausreichend große Öffnung für die händische Reinigung vorhanden sein.

Kesselform

Um ein Anbrennen der Maische zu verhindern, sollte der Boden unbedingt als *Halbkugel* geformt sein. Dies führt zu einer besseren Thermik und somit zu einer Eigenumwälzung im Kessel. Rührwerke sind nur bei ständigem Arbeiten mit extrem dickflüssigen Medien (Trester) sinnvoll.

Heizquelle

Die Zeiten der Direktbefeuerung sind mittlerweile vorbei. Holz ist zwar der heimeligste Werkstoff und sicher am besten geeignet, eine gewisse Lagerfeuerromantik zu erzeugen, aber am schwierigsten zu handhaben. Mit Holz ist es nahezu unmöglich, die Temperatur exakt konstant zu halten.

Die schonendste Beheizung erfolgt mit einem *Wasserbad* oder *Dampfmantel* mit Niederdruckdampf < 1 bar. Hochdruckdampf bringt zwar mehr Energie, aber die Gefahr des Anbrennens ist um so größer.

Eine elektrische Heizung des Wasserbades soll angeblich den Vorteil der exakten Temperatursteuerung bringen, diese ist jedoch mit einer professionellen Dampfheizung genausogut zu regeln. Gravierend wirken sich jedoch der Nachteil der trägen Reaktion des Wasserbades und der wesentlich höheren Energiekosten aus.

Vielfach werden Feinbrenngeräte mit eingebauter *Dampfschlangenheizung* verwendet. Diese sind zur Vorlaufabscheidung absolut ungeeignet. Wie allgemein bekannt, tritt der Dampf oben in die Dampfschlange ein und unten aus. Wird nun die Energiezufuhr extrem gedrosselt, wie dies für eine gute Vorlaufabscheidung notwendig ist, so ist die Heizquelle auf die ersten Zentimeter der Dampfschlange beschränkt, etwa in der Mitte des Kessels. Nun kann man beobachten, wie der Kessel zwar oben warm wird, unten jedoch kalt bleibt. Und dies so lange, bis die gesamte Vorlaufabtrennung bereits abgeschlossen ist. Man kann sich vorstellen, wie lange man den Vorlauf entweder abtrennen muß oder in den Mittellauf verschleppt. Abhilfe kann man nur durch den Einbau eines Rührwerkes schaffen, welches während der gesamten Aufheizzeit und Vorlaufabtrennung laufen muß, oder durch die Anbringung eines Heizmantels (Achtung: möglichst in Bodennähe!).

Während der Abfindungsbrenner einen Kessel sowohl für den Roh- als auch für den Feinbrand benutzt, hat eine Verschlußanlage immer separate Kessel für den Roh- und den Feinbrand. Diese sollten in den Dimensionen aufeinander abgestimmt werden, nämlich ca. die doppelte Kapazität für Maische als für den Feinbrand haben. Werden viele Früchte mit geringer Ausbeute (z.B. Beeren) verarbeitet, so wird man die Rohbrenngeräte noch größer auslegen bzw. mehr Rauhbrennblasen installieren als bei ausbeutereichen Früchten, wie Zwetschken oder gar Wein. Die Qualität des Destillates entscheidet letztlich nicht nur der Kessel, sondern die Art, wie er betrieben wird.

Blick in den Brennkessel

Kupfer und Edelstahl – die Materialien für den modernen Brennkessel

Kesselgröße

Eine *optimale Größe* gibt es praktisch nicht. Es hat sich herausgestellt, daß überdimensionierte, große Kessel eine zu lange Abtriebszeit haben und nicht mehr optimal gesteuert werden können. Insbesondere die exakten Schnitte bei Vor- und Nachlaufabtrennung sind schwieriger einzuhalten. Rohbrennkessel sollten nicht größer als 400–500 l, Feinbrennkessel max. 200–300 l sein.

Energierecycling

kann man in der Brennerei auf einfachste Art betreiben: Das gesamte Kühlwasser, welches mit einer Temperatur von ca. 60° C austritt, kann entweder über einen Wärmetauscher als Energielieferant genutzt oder in einem Puffertank gestapelt sowie über ein separates Wassernetz für Reinigungszwecke, unter Umständen sogar für den schonenden Betrieb des Dephlegmators, verwendet werden.

Schnapsfehler

Die wesentlichen Fehler, die ein Schnaps haben kann, entstehen, wenn die Grundlagen für einen guten Schnaps nicht beachtet wurden: also durch faules oder verunreinigtes Obst, fehlerhafte Gärführung, mangelhafte Destillation und Verwendung ungeeigneter Werkstoffe. Im Extremfall machen sich in einem Destillat gleich mehrere Fehler bemerkbar. Alle Versuche, dies zu „reparieren", müssen mehr oder weniger scheitern, weil mit jedem Schönungsversuch wertvolle Aromastoffe verlorengehen.

Für den geübten Sensoriker sollten folgende Fehler relativ leicht zu erkennen sein: Unsaubere Maischebereitung und/oder Gärführung sind die Ursache für einen *Essigstich* im Schnaps. Im Übermaß vorhanden, machen sie den Schnaps sauer bis hin zur Ungenießbarkeit. Essigester wiederum entsteht durch die Veresterung der Essigsäure mit dem Äthylalkohol und dient – in geringen, wohldosierten Mengen vorhanden – als zusätzlicher Aromenträger. Destillate mit einem zu hohen Anteil an flüchtiger Säure und Ester lassen sich in der Regel an ihrem stechenden, an Lösungsmittel und Klebstoffe erinnernden Geruch sowie den beißenden sauren Geschmack erkennen.

Schimmlig-muffiger Geruch und *Geschmack* stammen in aller Regel von fauligem Obst oder von schlecht desinfizierten, angeschimmelten Gärbehältern. Auch dadurch gespeiste Milchsäurebakterien führen in der Maische und weiters im Destillat zu einem *Sauerkrautstich* und dem fauligen Geruch und Geschmack nach Ammoniak. Buttersäurebakterien wiederum verursachen einen *Buttersäurestich* mit dem widerlichen Geschmack nach ranziger Butter.

Eine Infektion der Maische durch Bitterbakterien, die in der Lage sind, aus dem bei jeder Gärung entstehenden Glyzerin das höchst aggressive *Acrolein* zu bilden, ruinieren jedes Destillat. Der Acroleinstich macht sich durch stechenden, die Schleimhäute reizenden Geruch und Geschmack nach Tränengas bemerkbar. Einmal entstandenes Acrolein läßt sich auch beim Destillieren nicht mehr abtrennen, es findet sich in allen Fraktionen.

Der Geruch und Geschmack nach faulen Eiern ist auf die während der Gärung einsetzende Produktion von Schwefelwasserstoff zurückzuführen. Dieser in der Fachsprache Böckser genannte Fehler entsteht meist durch zu langes Lagern der Maische.

Eindeutig zu den Schnapsfehlern darf auch eine vorliegende *Aromaschwäche* gezählt werden. Aromaverluste treten immer dann auf, wenn unsauberes Obst und eine fehlerhafte Maische- und Gärführung vorliegen. Dies gilt ebenso für einen *Bittermandelfehler,* der durch ungenügende Entfernung bzw. Zertrümmerung von Obststeinen auftritt. Die leichflüchtigen Komponenten, wie Amygdalin, Glucose, Blausäure und Benzaldehyd (Bittermandelöl), gehen beim Brennen unvermeidlich in das Destillat über. Zu erwähnen sind auch noch die *Schwefeldioxidfehler,* die von zu stark geschwefelten Maischefässern stammen und beim Erhitzen mit in das Destillat gelangen. Ein stark *herber Geschmack* macht sich dann bemerkbar, wenn zu viele Blätter, Stiele und Stengel mit eingemaischt wurden.

Metallgeschmack stellt sich im Schnaps dann ein, wenn die Brennanlage nicht über die notwendigen Werkstoffe für die jeweiligen Destillierstufen verfügt.

Über *Vor- und Nachlauffehler* ist schon an anderer Stelle ausführlich berichtet worden. Sie entstehen jedenfalls dann, wenn die Abscheidung zu kleinlich oder zu schematisch vorgenommen wird und machen sich durch stechend riechende und schmeckende Aldehyde bzw. Fuselöle bemerkbar.

AUSBAU, REIFE UND LAGERUNG

In der gegenwärtigen Edelbrandkultur ist es stark verbreitet, Schnäpse in einem sehr jugendlichen Alter anzubieten. Ob dies aus wirtschaftlicher Notwendigkeit oder aus Angst vor zu raschem Aromaverlust geschieht, sei dahingestellt. Ein guter Schnaps darf freilich die Zeit, das Alter nicht scheuen. Kein Zweifel besteht daran, daß ein Destillat mit einem Reifeprozeß einhergeht, daß sich die Fraktionen harmonisieren, die Substanzen verbinden, verestern müssen, um ein glaubwürdiges, beständiges Produkt zu ergeben.

Vielfach verlieren junge, unreife, vordergründig aber fruchtige Schnäpse innerhalb kurzer Zeit ihr Aroma und dümpeln dann als ausgebrannter, leerer Alkohol vor sich hin. Hingegen zeigten sich bei reifen, älteren Schnäpsen Schönheit und Größe erst nach einem bestimmten Prozeß des Zusammenwachsens von Aromen, Säuren und Alkohol. Luftkontakt und Wärmeeinwirkung bewirken erfahrungsgemäß auch Abbau- und Umwandlungsvorgänge von zunächst unharmonisch wirkenden, also unerwünschten Stoffen in solche, die später – manchmal erst nach Jahren – die Individualität, unter Umständen die Einzigartigkeit eines Schnapses ausmachen.

Die Lagerung und Alterung von Schnäpsen sind also durchaus positiv zu bewerten, man kann sogar weitergehen und sagen, sie sind eine grundsätzliche Notwendigkeit.

Schnaps reift ähnlich wie der Wein. Nur langsamer. Was sich beim Wein in Monaten abspielt, dauert beim Schnaps Jahre, aber die Gesetze sind die gleichen.

Die Frage, ob ein Schnaps reifen soll oder nicht, muß man bereits bei der Verarbeitung, insbesondere beim Brennen, entscheiden. Anhand zweier grundsätzlich unterschiedlicher Technologien soll dies demonstriert werden.

Frisch, duftig und mild

Bei den Weinen hat sich in den achtziger Jahren eine Kategorie „extra leicht" etabliert, leicht – meist um 10% Vol. – im Alkohol und duftig frisch im Geschmack, welche auch heute zu gegebenen Anlässen noch reichlich Zuspruch findet. Diese Weine zeichnen sich durch Frische und Lebendigkeit aus, welche aber nur von kurzer Dauer sind. Gehen einmal Frische und Duftigkeit verloren, so hat der Wein nichts mehr zuzusetzen. Er bereitet im Alter keine Freude mehr.

Brennt man stärker in den Nachlauf, bringt der erhöhte Gehalt an Fuselölen vordergründig mehr Fülle. Das Kratzen am Gaumen täuscht eine gewisse Kraft vor, in Verbindung mit einem niedrigen Alkoholgehalt erhält man ein vorerst harmonisches Produkt. Eingestellt auf 38–42% Vol., bringen diese Schnäpse alle Voraussetzungen, nach wenigen Monaten auf Prämierungen zu glänzen.

Die Frische ist jedoch meist von kurzer Dauer. Mit längerer Lagerung und Luftkontakt schlagen auch die Fuselöle um; sie werden säuerlich, schal und brackig. Im extremsten Fall kann man sie dann bereits riechen.

Voll, kräftig und lang

Es gehört sozusagen zum kleinen Einmaleins der Winzer, leichte und duftige Weine zu erzeugen. Jeder Absolvent einer Weinbauschule macht damit sein Gesellenstück. In der Kategorie der Meister muß man noch eins drauflegen. Viel komplexer und diffiziler ist die Thematik kräftiger, voller, schwerer, aber dennoch ausgewogener und harmonischer Rotweine. Schwer – 13% Vol. und mehr – im Alkohol, dicht und voll im Aroma, extraktreich, voll und – man glaubt es kaum: die guten unter ihnen sind ebenso leicht zu trinken wie der „Extra leicht". Der höhere Alkoholgehalt ist nämlich durch eine größere Fülle von Extraktstoffen abgepuffert und trägt nun selbst das seinige dazu bei, um noch mehr Dichte zu bringen.

Auch der Brenner kann in diesem Fall nicht nach Schema oder Rezeptur arbeiten. Viel zu sensibel sind die Fragen, welche sich von Minute zu Minute aufdrängen. Ist es noch Vorlauf oder schon gutes Aroma? Gibt es noch Fülle am Gaumen, oder schlägt bereits der Fusel durch? Man brennt vorsichtiger, schneidet den Nachlauf bereits wesentlich früher ab und erhält dadurch weniger Fuselöle. Vorausgesetzt, die Früchte und die Gärung waren optimal. So gibt es trotz deutlich höherer – 43–50% Vol. und mehr – Alkoholgehalte keine Schärfe am Gaumen. Im Gegenteil, der Alkohol wird zu einer willkommenen Stütze, zum Rückgrat des Brandes. Er erzeugt zusätzlich Druck am Gaumen und sichert einen langen Abgang.

Je länger diese Schnäpse Luft bekommen, um so besser entfalten sie sich. Wer würde einen großen Bordeaux direkt aus der Flasche trinken?

Das Lagerpotential

Voraussetzung für eine Lagerung sind somit *lagerfähige* Destillate. Lagerfähig bedeutet dichter im Extrakt, höher im Alkohol, niedriger in den Fuselölen.

Mit zunehmender Lagerdauer oxidieren, kondensieren, verestern die primären Fruchtaromen, kurz gesagt: sie treten fein verwoben in den Hintergrund.

Grundsätzlich gewinnt jeder große Brand, wenn man ihm zumindest 1–2 Jahre Zeit läßt, sich zu entwickeln.

Früchte mit besonders feinem Primäraroma, wie Marille, Himbeere,... werden eher kürzer gelagert (1–3 Jahre). Klassischer Kirsch, Zwetschkenbrand,... glänzen nicht durch vordergründige Aromatik, sondern vielmehr durch den Geschmack am Gaumen. Diese dürfen um so älter werden und sollten zumindest 2–5 Jahre lagern, ehe sie getrunken werden.

Viele Schnapskenner versuchen das Geheimnis der unterschiedlichen Lagerfähigkeit zu ergründen und haben in ihrem Keller einzelne Jahrgänge von besonderer Qualität liegen. Ähnlich wie beim Wein, kann man auch einmal Pech haben und das Po-

Die idealen Lagerbehältnisse für Edelbrände sind aus Holz oder Glas

tential einzelner Produkte überschätzen. Diese Enttäuschung wird aber durch die Freude, welche ein großer, reifer, ausgewogener, abgelagerter Schnaps vermitteln kann, mehr als wettgemacht.

Der Jahrgang

Will man die Entwicklung von Bränden über längere Zeit verfolgen, so ist eine der Voraussetzungen dafür die Einlagerung nach Jahrgängen. Diese pendeln zwar bei den Weinen wesentlich stärker nach oben und nach unten, es gibt aber auch beim Schnaps deutliche Unterschiede. Nicht nur im Obstgarten, auch im Keller und im Brennkessel entstehen Unikate, welche es wert sind, mit Jahrgangsbezeichnung ausgebaut zu werden. Auch beim Schnaps gibt es größere und kleinere Jahrgänge. Diese sind jedoch nicht für alle Obstarten gleich. So kann ein verregneter Sommer eine mäßige Qualität bei Marillen und Himbeeren zur Folge haben, ein darauf folgender sonniger Herbst sich dafür aber mit saftigen aromatischen Birnen und Äpfeln einstellen. Daraus resultiert, daß jede einzelne Obstart ihren eigenen „großen" oder „kleinen" Jahrgang hat.

Klar oder Braun

Klar bedeutet in der Sprache des Brenners nicht das Gegenteil von trüb – was auf jeden Fall unausgesprochen vorausgesetzt wird –, sondern ohne Farbe, wasserhell.

Die Lagerung der Klaren erfolgt in Glas, Edelstahl oder – was nicht so appetitlich anmutet – alkoholbeständigem Kunststoff. Der oft fälschlich vertretenen Ansicht, Destillate würden in neutralen dichten Gebinden aus Glas oder Edelstahl nicht reifen, muß massiv widersprochen werden. Selbstverständlich reift der Schnaps.

Das Gegenstück zum Klaren ist der *Braune*, gelagert in Holzfässern, nahezu ausschließlich aus Eichenholz, in vielen Fällen aus Limousin-Eichenholz, stark getoastet. Aus dem Faß werden Holzstoffe ausgelaugt, die nicht nur eine Braunfärbung bewirken, sondern auch geschmacklich sehr dominant die Fruchtaromen in die Schranken weisen.

Dies um so intensiver, je neuer die Fässer. Laugt man zuviel Holz aus, wird das Destillat zu bitter, verwendet man nur alte Fässer, welche weder Farbe noch Geschmack abgeben, wird es zu blaß. Gute Erfolge erzielt man mit jeweils ca. 1/3 neuen, 1/3 zwei- bis dreijährigen und 1/3 alten Fässern. Gelagert wird meist bei 60–70% Vol. Die optimale Faßgröße beträgt ca. 300 (225–400) Liter.

Woher kommt die braune Farbe?

Die natürliche Farbe des Holzes ist deutlich heller als jene faßgelagerter Brände. Die gelbgoldenen Farbreflexe dunkeln jedoch mit zunehmender Lagerdauer immer mehr nach und ergeben schließlich nach vielen Jahren eine golden-bräunliche Tönung. Ein sattes Braun kann jedoch nicht vom Faß stammen.
Es ist üblich und auch gesetzlich gestattet, daß zur Intensivierung der Farbe Zuckercoleur zugesetzt wird. Dies gilt für nahezu alle braunen Brände, wie Cognac, Armagnac, Whisky (Malt, Bourbon, Blended,...) Brandy, Calvados, Weinbrand,...
Der Zusatz von Zuckercoleur muß nicht deklariert werden.

Für die Faßlagerung verwendet man meist relativ neutrale Brände, die von Natur aus sehr wenig Eigenaroma haben. Die häufigsten *Rohstoffe* sind Getreide und Wein. Man würde niemals zart-fruchtige Obstbrände ins Eichenfaß legen. Der eigentliche Reiz, einer duftigen Marille beispielsweise, würde sofort verlorengehen. Anders hingegen verhält es sich bei einigen wenigen Früchten, welche ein weniger prägnantes typisches Eigenaroma haben. An erster Stelle der Apfel, welcher – sowohl aus dem Apfelwein destilliert (Calvados) als in der fruchtigeren Variante aus der Maische gewonnen – gut für die Faßlagerung geeignet ist. Die Zwetschke liiert sich ebenfalls sehr harmonisch mit dem Holz, sei es in der blassen Variante des Slibowitz oder in der kräftigen, oft maßlos übertrieben gesüßten der Alten Pflaume.

Sauerstoff

Reifen hat meist mit Oxidieren zu tun. Sauerstoff verbindet Moleküle; es entstehen größere, welche andere sensorische Eigenschaften haben. Je mehr Sauerstoff zur Verfügung steht, um so rascher reift der Schnaps. Atmet der Lagerbehälter – wie z.B. das Holzfaß oder ein Kunststoffbehälter –, so schreitet die Oxidation rascher voran als in dichten Behältern aus Edelstahl oder Glas. Letztere werden meist nur teilweise befüllt, damit in Relation zum Inhalt eine größere Oberfläche und somit mehr Luftkontakt entstehen.

Offene Behälter bieten maximalen Sauerstoffkontakt und somit die beste Reifeforcierung. Die Verluste sind jedoch beträchtlich. Analog zur Flüchtigkeit der einzelnen Inhaltsstoffe, verdunstet nicht nur Alkohol, sondern auch leichtflüchtige Aromastoffe.

Hitze und Kälte

Physikalisch gibt es nur den Begriff der Wärme. Hitze und Kälte bedeuten somit emotionslos nur mehr oder weniger Wärme. Je wärmer die Lagerung, um so rascher reift der Schnaps, je kälter, um so langsamer.

Das Zusammenspiel von Hitze und Kälte hat in der Lagerung eine historische Bedeutung: Am Dachboden war es im Sommer warm. Die Reife wurde somit beschleunigt. Im Winter war es eisig kalt. Wenn man nicht ganz sauber gebrannt hatte, gab es eine flockige Trübung, welche sedimentierte. Der Überstand war der klare Schnaps, dem man nach einigen Jahren der Lagerung und Klärung gerne zugesprochen hat.

Künstlichc Alterungsverfahren

Für den Liebhaber / die Liebhaberin edler Schnäpse ist nicht uninteressant, daß die Spirituosenerzeugung einige Verfahren kennt, mittels derer sich ein frühzeitiger, künstlicher Alterungsprozeß vortäuschen läßt. Daß hier die wirtschaftlichen Gründe maßgebend sind, versteht sich allein schon bei Berücksichtigung der teilweise hohen Lagerverluste, die im natürlichen Alterungsprozeß anfallen. So gibt es teilweise recht suspekte Verfahren: Apparaturen, mit denen das fertige Destillat erhitzt und wieder abgekühlt wird, die Zufuhr von Luft, Sauerstoff, Ozon oder anderen Oxidationsmitteln, starke Schüttelbewegungen, mit denen der angeblich für den Schnaps vorteilhafte Bahn- oder Schiffstransport imitiert wird, mit Ultraschall, mit Lichtstrahlen, Elektrizität, mit Katalysatoren und Chemikalien usw. Kurz – man versucht, dem Brand zu geben, was er nicht hat: die ausgereifte Geschmeidigkeit eines gut gelagerten Schnapses.

DIE HOCHZEIT

Die „Hochzeit", wie die Franzosen das Herabsetzen eines Destillats auf Trinkstärke nennen, findet erst statt, wenn der Schnaps in die Flaschen kommen soll. Der Vorgang ist unspektakulär, erfordert aber doch einiges Fingerspitzengefühl, ist er doch ein beachtlicher Eingriff in das Gefüge einer in einem gewissen Gleichgewichtszustand ruhenden Flüssigkeit. Mancherorts wird daher auch empfohlen, nicht auf einmal zu heiraten, sondern so nach und nach. Man will den Schnaps langsam und vorsichtig seiner endgültigen Bestimmung näher bringen.

Das Wasser

Geheiratet wird mit Wasser. Hartes Wasser enthält Kalzium. Dieses ist in Alkohol nicht löslich. Würde man den Schnaps mit hartem Wasser verdünnen, so käme es bald zu einer Ausfällung. Deshalb verwendet man nur destilliertes, enthärtetes oder absolut härtefreies Quellwasser.

Das Wasser vermählt sich mit dem Schnaps. Dieser Vorgang braucht seine Zeit. Unmittelbar nach dem „Trinkfertigmachen" ist der Schnaps geschockt. Er benötigt einige Wochen, um sich wieder zu erholen.

Innerhalb dieser Zeit laufen auch verschiedene Reaktionen ab. Ein neues Lösungsgleichgewicht stellt sich ein. Verschiedene Inhaltsstoffe, welche alkohollöslich sind, finden sich nun in einem neuen, nämlich niederprozentigeren „Lösungsmittel". Es kann – insbesondere in der Kälte – zu Ausfällungen kommen. Um für den Eventualfall gerüstet zu sein, wird dies bewußt provoziert, indem man das Destillat kühlt. Je kälter, um so intensiver ist die Ausfällung.

Filtration

Sehr saubere Destillate ohne Vor- und Nachlauf neigen weniger zu Trübungen als unreine. Diesen Umstand machen sich manche zunutze, indem sie die Reinigung der Destillate von der Brennblase in den Filter verlegen. Damit läßt sich jedoch nur ein begrenzter Teilerfolg erzielen.

Als einen viel größeren Erfolg könnte man es bezeichnen, wenn der Schnaps auch nach dem Heruntersetzen auf Trinkstärke nicht trüb wird. Dies kann bei höheren Alkoholgehalten von 45–50% Vol. durchaus der Fall sein. Es erlaubt somit die schonendste aller Behandlungen, nämlich nicht zu filtrieren.

Die verschiedenen Früchte reagieren auch sehr unterschiedlich. Während bei der Williamsbirne in jedem Fall ölige Komponenten ausfallen, bleiben entsteinte Zwetschke oder Kirsch beinahe immer blank. Es gibt einige Betriebe, welche sich beim Williams bewußt an die Grenze des Möglichen herantasten: er wird ungekühlt filtriert, ist somit bei Raumtemperatur blank, trübt ein, wenn er gekühlt wird, und wird bei nachfolgendem Erhitzen wieder blank. Diese Vorgangsweise kann nicht jedermann empfohlen werden; es ist aber schlüssig, daß sich so ein Maximum an Inhaltsstoffen erhalten läßt.

Die Filtration sollte möglichst schonend erfolgen. Auf den direkten Zusammenhang zwischen Temperatur und Feinheitsgrad der Filtration muß immer geachtet werden. Sehr kalte Filtration mit gröberen Schichten, warme Filtration mit feineren Schichten.

Abrunden

In Österreich und Deutschland hatten die trockenen, ungezuckerten Schnäpse eine alte Tradition. Ähnlich wie beim Reinheitsgebot der Bierbrauer, halten die Deutschen auch weiter die Fahne für trockene Schnäpse hoch. Die Österreicher, ebenso die Schweizer, Franzosen, Italiener,... von Gesetzes wegen leider nicht mehr. Sofort mit dem Beitritt zur EU haben wir auch die Gesetze übernommen, welche als kleinsten gemeinsamen Nenner relativ viele Freiheiten ermöglichen. Das Abrunden mit Zucker, Stärkederivaten (z.B. Glukosesirup)... ist zwar für Obstbrände mit 4 g/l gesetzlich limitiert, aber doch ohne Deklaration gestattet. Ebenso gestattet – jedoch in mehrfacher Konzentration – ist es für Whisky, Cognac, Weinbrand, Brandy,... Neben Zucker dürfen noch Extraktstoffe, wie Bonifikateure, Typagen,... verwendet werden.

Süßung

Gemäß EU-Verordnung gilt als Süßung die Anreicherung von Spirituosen mit einem oder mehreren der folgenden Erzeugnisse: Halbweißzucker, Weißzucker, raffinierter Weißzucker, Dextrose, Fruktose, Glukosesirup, flüssiger Zucker, flüssiger Invertzucker, Sirup von Invertzucker, rektifiziertes Traubenmostkonzentrat, konzentrierter Traubenmost, frischer Traubenmost, karamelisierter Zucker, Honig, Johannisbrotsirup sowie andere natürliche Zuckerstoffe, die eine ähnliche Wirkung wie die vorstehend genannten Erzeugnisse haben.

Ein guter Brand lebt von seinem eigenen Extrakt, der in manchen Fällen als „Extraktsüße" angesprochen wird. Es sind zwar nur wenige Stoffe, die überdestillieren, sie können aber im besten Fall eine Dichte und Fülle vermitteln, die lange anhalten und jeder Zuckerung überlegen sind.

Erfreulicherweise sind immer mehr Schnapstrinker – wie auch Weintrinker – in der Lage, einen abrundenden Zuckerrest zu erkennen und in den meisten Fällen als störend oder verfälschend zu empfinden.

Trinkstärke

Die Frage nach der richtigen, d.h. optimalen Trinkstärke ist eine ziemlich subjektive, genauso, ob man dieses oder jenes Aroma lieber mag. Das folgende „Aber" darf jedoch ruhig fett geschrieben werden. Grundsätzlich stellt sich doch nicht die Frage, ob ein Schnaps stark oder schwach ist, ob er 55% oder 38,5% Vol. aufweist, sondern ob er gut oder schlecht ist, kräftig oder dünn, komplex oder eindimensional, typisch oder undefinierbar.

Das häufig angeführte Argument, „der Konsument" bevorzuge leichte Schnäpse, ist in den meisten Fällen eine etwas faul riechende Ausrede. Noch mehr als beim Wein gilt beim Schnaps, daß es nicht auf die Menge des zu trinkenden Destillats ankommt, sondern auf dessen innere Werte. Schnaps ist grundsätzlich kein „leichtes" Getränk, ja es überhaupt als solches zu bezeichnen, führt bereits in die Irre. Ein Getränk ist Wasser, ist Saft, sind vielleicht noch Most und Bier. Schon Wein „gegen den Durst" zu trinken, scheint nicht nur vom gesundheitlichen Standpunkt unsinnig. Mit einem Getränk hat insbesondere Schnaps nur noch den Aggregatzustand gemein. Schnaps ist in erster Linie ein Genußmittel, in zweiter ein Mittel des Wohlbefindens (auch weil es der Verdauung förderlich sein kann). Läßt man auch noch als dritte Linie jene der Berauschung gelten, ändert dies nichts an dem Umstand, daß Schnaps in Maßen genossen werden sollte.

Schnaps ist seinem Wesen nach eine konzentrierte, stark alkoholische Essenz, eben die *„Quintessenz"*. Was nicht heißt, daß nicht auch Schnäpse mit geringem Alkoholgehalt ihre Schönheiten haben können. Beim Wein würde man von den „kleinen" Gewächsen reden, die im besten Fall schöne, erfrischende und fruchtige Kreszenzen sind. Aber auch beim Wein steigt mit jeder Qualitätsstufe der Alkoholgehalt an: vom Kabinettswein über die Spät- und Auslesen bis zu den Prädikatsweinen. Dichte, Fülle und Komplexität eines Weines hängen auch von seinem Alkoholgehalt ab.

Nun ist es keinesfalls so, daß jedem Schnaps ein höherer Alkoholgehalt überhaupt zuträglich ist. Dünne, aromaschwache Schnäpse würden von mehr % Vol. simpel erschlagen, während kräftige Destillate daraus erst ihr Rückgrat beziehen, auf dem ihre positiven Eigenschaften erst richtig zum Tragen kommen.

Das jeweils richtige, einem bestimmten Schnaps zuträgliche Maß an Volumsprozenten muß jeder Schnapsbrenner für sich feststellen. Keinesfalls aber sollte dies von wirtschaftlich-finanziellen Überlegungen bestimmt werden.

TIPS UND TRICKS

Für die Wirtschaftlichkeit

Bei der doppelten Destillation kann man sich durch den Anbau einer Kolonne nach dem Feinbrennkessel eine nochmalige Destillation der Nachläufe ersparen und diese gleich im Anschluß an das Herzstück fertig destillieren. Das so gewonnene Destillat wird gleich behandelt, als hätte man den Nachlauf nochmals destilliert.

Für die kleinen Schnellsieder

In der guten alten Zeit der Frei- und Abfindungsbrennerei soll es mancherorts ein Volkssport gewesen sein, die Finanzbeamten zu übervorteilen. Man hat ein besonders rasches Verfahren entwickelt, in der vorgegebenen Zeit mehr Maische zu destillieren: den eineinhalbmal Gebrannten. Beim Rauhbrand wird immer so weit hinuntergebrannt, um durchschnittlich 45% Vol. zu erhalten. Danach wird der „Lutter" aufgefangen und dem nächsten Brand zugesetzt. Dieser Rohbrand erfuhr so eine leichte Verstärkung und erhöhte die Ausbeute an 45%igem das nächste Mal. So konnte man innerhalb kürzester Zeit ein Maximum an Vol% erreichen. Nur: Der Lutter rauschte gewaltig und war schier untrinkbar. Dem half man ab: durch den Zusatz von klarem, hartem Quellwasser, was in kalten Winternächten eine gewaltige flockige Trübung ergab. Diese wurde in Eiseskälte mit den feinsten Filterschichten abfiltriert, und siehe da – der Schnaps war genießbar.

Für die großen Schnellsieder

Es soll auch Zeiten gegeben haben, da man eigentlich den Alkohol gesucht hat und nicht den Schnaps. Da installierte man die großen Kolonnen und ließ es rauschen: den Vorlauf, den Mittellauf und den Nachlauf, alles inklusive. Die Volumsprozente waren schon höher als bei den kleinen Schnellsiedern, aber der Trinkgenuß hielt sich in etwa die Waage. Auch befürchtete man schreckliche Trübungen und Flockungen. Um diese zu verhindern, setzte man gleich ordentlich neutralen Alkohol zu. Die Analyse war in Ordnung, Gärungsnebenprodukte waren ja reichlich vorhanden, die Trübungsgefahr durch die Verdünnung gebannt, und für den guten Geschmack konnte man sich ja auch irgendwie helfen.

Für die Wilden

Marketing geht vor. Ein „Wildkirsch" verkauft sich nun einmal besser als ein „Kirsch". Wie man hört, kann man aus ganz gewöhnlichen Kirschen durch Knacken der Kerne und lange Lagerung auf denselben einen außergewöhnlich wilden Geschmack herausholen.

Für die Wälder

Bei den Himbeeren hat es der „Waldhimbeergeist“ den Verkäufern angetan. Manchmal fragt man sich, ob es in den Wäldern überhaupt noch Bäume gibt oder ob diese nur noch aus Waldhimbeerstauden bestehen? Nichtsdestotrotz: Papier ist geduldig, und der Verkäufer hat allemal Vorrang.

Für die Schärfe

In Zeiten bitteren Alkoholmangels gegen Ende des 19. Jhdts. hat man den Alkohol gestreckt. Um dennoch eine gewisse Schärfe vorzutäuschen, bediente man sich verschiedener Gewürze, wie Pfeffer, Peperoni und anderer Scharfmacher. Was dann aber prompt verboten wurde. Und zwar gesetzlich – so gewissenhaft, daß sich dieser Passus bis heute in unserem Lebensmittelkodex gehalten hat.

Für die Milde

Von wegen Schärfe: Mild mußte er sein, der Edelbrand der siebziger und achtziger Jahre. Und immer dünner sollte er werden. Das Nichtvorhandensein am Gaumen konnte man ja durch Zuckerzusatz oder auch durch andere Stoffe, wie Bonifikateure, wieder rückgängig machen. Seitenfüllend waren die Berichte auf der Suche nach dem mildesten Brand, der, wie sich später meist herausstellte, nicht unbedingt der mildeste, aber oft der süßeste war.

DAS OBST

Viel ist heute von der Erhaltung und Kultivierung der Landschaft die Rede. Die Verkehrspolitik fordert ihre Opfer, ebenso wie der Tourismus. Dabei ist offensichtlich, daß wir alle – ob als Konsumenten oder als Touristen – von einer gesunden und kultivierten Landschaft profitieren und zu einem guten Teil davon leben. Alle bäuerlichen und gewerblichen Schnapsbrenner tragen mit ihren Produkten wesentlich zu dieser Aufgabe bei, die in der Erhaltung bzw. Rückgewinnung von Kulturlandschaft besteht. Hersteller von Edeldestillaten brauchen die Natur, sie leben von ihr, und sie arbeiten mit ihr.

Diese Arbeit beginnt in den Obstwiesen und Obstgärten. Weil alle Chemie gleichsam künstlicher Feind der Natur ist, wird der qualitätsbewußte Schnapsbrenner auf sie verzichten und der Natur den Vorzug geben. Von großer Bedeutung sind in diesem Zusammenhang die Bemühungen zur Erhaltung bzw. Neukultivierung bedrohter Obstsorten. Dies trägt wesentlich zur Vielfalt und Unterscheidbarkeit derzeit häufig uniform schmeckender Früchte bei. Dem Schnapsbrenner ist auf jeden Fall daran gelegen, die Natürlichkeit und Besonderheit der Sorten und ihres spezifischen Aromas zu bewahren. Schließlich ist es genau dies, worauf es ihm ankommt und was er in seinem Produkt wiederfinden will.

Der richtige Standort

Boden, Klima und Lage sind wie beim Wein auch im Obstbau von entscheidender Bedeutung. Den Brenner interessiert nicht nur die Reife, meist durch den Zuckergehalt festgestellt, sondern im besonderen das Aroma der Früchte. Aufgrund der Standortfaktoren lassen sich Rückschlüsse darauf ziehen:

Je mineralischer, leichter, durchlässiger der Boden, um so feiner das Aroma; je schwerer, lehmiger – desto plumper.

Heißes Klima und hohe Zuckergrade bedeuten noch lange nicht viel Aroma. Kühle Nächte erhöhen den Flavour-Wert (die Summe aller Geschmackseindrücke) des Obstes. Durch die Wechselwirkung von kalten Nächten und warmen Tagen kommt es zu einer ganz besonders intensiven Aromabildung.

Hanglagen, insbesondere Süd- und Südwesthänge, sind reinen Tallagen vorzuziehen.

Kernobst

Apfel (Malus)

Als Urheimat des Apfels gelten die südlichen Abhänge des Kaukasusgebirges. Er ist das in den Alpenregionen verbreitetste Obst. In Österreich etwa werden 2/3 der Obst-

Handgepflückte, saubere Äpfel

Weiche, vollreife Birnen

bauflächen mit Apfelanlagen bepflanzt. Äpfel werden seit rund hundert Jahren planmäßig gezüchtet. Weltweit sind ca. 100.000 Apfelsorten registriert, in Europa werden etwa 100 Sorten bevorzugt angebaut. Für den Schnapsbrenner haben sich einige davon als besonders geeignet erwiesen. An allererster Stelle sei der Gravensteiner, in weiterer Folge auch Cox Orange, James Grieve, in allen Fällen also Sorten mit einem angenehmen Säurespiel, genannt. Zu diesen veredelten Sorten gesellen sich „alte", oft nur lokal angebaute Sorten (z.B. Steirischer Maschansker) aus Streuobstwiesen, die für den Obsthandel weniger, für den Schnapsbrenner um so mehr Bedeutung haben.

Apfelschnäpse sind Klassiker. In ihrer Einfachheit oft unterschätzt, eignen sie sich sowohl für den klaren Ausbau als auch für die Faßlagerung. Es ist jedoch häufig festzustellen, daß auch duftig-aromatische Sorten am Gaumen etwas kurz sind und sich sensorisch vorzeitig verabschieden. Eine der wenigen Ausnahmen sind der oben bereits erwähnte Gravensteiner und einige lokale alte Sorten.

Birne *(Pyrus)*

Auch die Birne kommt ursprünglich aus Westasien. Zu Beginn unserer Zeitrechnung waren bereits 35 Birnensorten bekannt; weltweit werden derzeit rund 2.000 Sorten kultiviert. Ein Kernsatz für den Anbau lautet: Je edler eine Birnensorte ist, desto höhere Ansprüche stellt sie an Boden und Standort. Sie bevorzugt warme, geschützte Lagen bis in mittlere Höhen mit nährstoffreichen, durchlässigen Böden.

Keine Frage, daß dies insbesondere auf die „Königin der Schnapsbirnen", die Sorte *Williams-Christ* mit ihrem aromatisch-saftigen Fruchtfleisch, zutrifft. Die Williamsbirne muß aber unbedingt zum Zeitpunkt ihrer Vollreife – und dieser ist relativ kurz – eingemaischt werden. Dann ist es möglich, neben den typischen feingliedrigen, weichen, zart-süßen Aromen auch die Intensität, die Kraft und die Fülle dieser Sorte im Destillat einzufangen.

Zahlreich sind mittlerweile die Experimente mit dem Brennen alter Sorten von Mostbirnen. Die Eignung ist aber nicht in jedem Fall gegeben. Dennoch kann dabei hin und wieder ein „großer Wurf" gelingen, wie es beispielsweise in Vorarlberg mit der „Subira", einer lokalen Sorte von früher hauptsächlich zu Most verarbeiteten Birnen, der Fall ist.

Aufgrund der äußerst niedrigen Säurewerte (siehe Kapitel „Säurezusatz") ist besonders auf eine saubere Gärführung zu achten. Ist die Gärtemperatur zu hoch, geht die alkoholische Gärung meist nahtlos in einen biologischen Säureabbau über, welcher absolut unerwünscht ist.

Die Williamsbirne wird bei der Destillation gerne sehr tief genommen, sprich bis weit in den Nachlauf hinein. Die üppige Empfindung der Fuselöle wird in Verbindung mit einem kleinen Zuckerrest noch verstärkt. Vordergründig ergibt sich eine ungeheuer üppige Geschmacksfülle, die jedoch bei näherer Beurteilung nicht ganz sauber ist.

Schaltet man aber früher auf Nachlauf um, sind die Schnäpse zarter, filigraner, jedoch sauberer und dennoch mit einer großen Ausdrucksstärke und Kraft im Abgang.

Quitte *(Cydonia oblonga)*

Auf Kreta wurden schon vor 2.000 Jahren Quittenplantagen angelegt. Sie gilt als wertvolle, heilkräftige Frucht, im ägäischen Raum auch als Symbol der Fruchtbarkeit.

Die verführerisch aussehende Frucht (deren botanischer Name von der Stadt Cydon auf Kreta stammen soll) gewinnt, da sie für den Frischgenuß nicht geeignet ist, vor allem für die Verarbeitung zusehends an Bedeutung. Ihr typisches herbes Aroma – das die Quitte auch als Duftspender fürs Wohn- und Schlafzimmer geeignet macht – findet immer neue Liebhaber.

Das trockene Fruchtfleisch mit einer hohen Anzahl von Steinzellen stellt aber große Anforderungen an Maischebehandlung und Gärführung. Von größter Bedeutung ist das feine Vermahlen und somit vollständige Aufschließen der Früchte. Nur so kann man eine zügige, gleichmäßige Gärung sicherstellen.

Die Schnäpse sind geprägt von einer unglaublich intensiven Primärfrucht in der Nase. Es gilt als nahezu idiotensicher, einen „gerüchigen" Quittenbrand herstellen zu können. Am Gaumen wirken sie eher filigran und manchmal etwas zu dünn. Vielleicht ist dies der Grund, weshalb der Quitte trotz des intensiven Aromas in der Welt der Schnäpse nur ein Mauerblümchendasein beschert ist.

Mispel *(Mespilus germanica)*

Griechen und Römer haben die Mispel, ein submediterranes Rosengewächs mit kaukasischem Ursprung, in ihren Gärten kultiviert. Für den Schnaps sind die pektin- und zuckerreichen Früchte zwar geeignet, stehen aber eher im Rang einer brenntechnischen Spielerei.

Steinobst

Marille *(Prunus armeniaca)*

Als Heimat der Marille (Aprikose) gilt das Gebiet von Armenien bis Nordchina. Die Frucht kam durch Soldaten Alexanders des Großen nach Griechenland, später nach

Quitte

Mispel

Vollreife Marillen (Aprikosen)

Italien und über die Mauren nach Spanien, von wo sie via Frankreich auch im Alpenraum heimisch wurde.

Als Schnapsfrucht erfreut sie sich großer Beliebtheit. Bedingt durch den hohen Zuckergehalt, ist sie eine der ausgiebigsten Früchte, und ihr besonderes Aroma kommt im Destillat (sowie auch in allen anderen Formen der Veredelung, wie Marmelade, Kompott, Fruchtnektar,...) sehr deutlich zum Ausdruck: schmelzig-süß und doch sehr elegant sowie auch für den Laien sofort zu identifizieren.

Die Früchte stammen in aller Regel aus Anbaugebieten, die ein durchgehend warmes Klima möglichst ohne Frost haben. Von letzerem nämlich geht die größte Gefahr für die sowohl gegen Winterfrost (Schädigung der Bäume) als auch gegen Blütenfrost (Erfrieren der Blüte) empfindliche Marille aus.

Neben den Frostschäden haben in den letzten Jahren auch Viruskrankheiten und die „Apoplexie", ein auch als „Schlaganfall" bezeichnetes, noch ungeklärtes Phänomen des Absterbens von Marillenbäumen die Bestände in den nördlichen Breiten geschmälert. Gerade diese sind aber für den Brenner die besten und aromatischsten.

Die Sorte *„Ungarische Beste"*, in Österreich auch unter den Synonymen *„Wachauer oder Klosterneuburger Marille"* bekannt, ist für den Brenner optimal geeignet. Die heute modernen, großfrüchtigen und rotbackigen Sorten haben für den Frischmarkt zwar besondere Bedeutung erlangt, sind aber für die Brennerei nicht zu empfehlen.

Die Marillen sollten vor dem Einmaischen unbedingt entsteint werden. Je nach Wunsch kann später ein sehr kleiner Teil der Steine während der Gärdauer wieder zugesetzt werden, keinesfalls aber sollten sie mit in den Brennkessel wandern.

Säure ist von Natur aus reichlich vorhanden; bei sauberer Verarbeitung schützt sich die Marille also selbst vor unliebsamen Mikroorganismen.

Besondere Vorsicht ist bei der Ernte geboten. Das beste Aroma erhält man von den überreifen Früchten, es können aber bereits einige davon zu „saften" beginnen, was eine sofortige Gärung und in weiterer Folge Essigbildung zur Folge hat. Abhilfe schaffen nur das sofortige Maischen und absoluter Luftabschluß.

Die Aromen der Marille sind über nahezu alle Fraktionen der Destillation verteilt. Während man den Duft und die Primäraromen am Anfang einfach einfangen kann, ist es gegen Ende der Destillation erheblich schwieriger, den richtigen Schnitt zu machen. Tendenziell muß man tiefer hinunter als z.B. bei der Williamsbirne, bevor man aber zu viele Fuselöle einfängt, sollte man diese Fraktion besser nochmals reinigen, separat aufbewahren und später über ihre Eignung entscheiden.

Kirsche *(Prunus)*

Die sogenannte *Süßkirsche* stammt ursprünglich von der Vogelkirsche (Prunus avium) ab. Dem römischen Feldherrn und Feinschmecker Lucullus wird zugeschrieben, die Kirsche vom Schwarzen Meer nach Italien verpflanzt zu haben.

„Unter den Obstbranntweinen steht das Kirschwasser an erster Stelle; es überragt die übrigen an Bedeutung ganz wesentlich und ist in der ganzen Welt der bekannteste deutsche Edelbranntwein", schreiben die Autoren H. Wüstenfeld und G. Haeseler noch 1964 in ihrem Standardwerk „Trinkbranntweine und Liköre". Heute hat der große Klassiker unter den Bränden an Beliebtheit verloren. Nichtsdestotrotz ist eine nähere Beschäftigung mit diesem Thema lohnend und für jeden bedeutenden Schnapsbrenner geradezu ein Muß.

Süßkirsche *(Prunus avium)*

Der oben zitierte, überragende Branntwein wurde früher ausschließlich aus Süßkirschen gewonnen. Insbesondere der Schweizer (Zuger Kirsch) und Schwarzwälder Kirsch sind seinerzeit als Klassiker in die Geschichte eingegangen.

Für die Brennerei werden dunkle, fast bräunlichschwarz gefärbte Sorten mit dunklem Fruchtfleisch verwendet, manchmal auch kleinfrüchtige Wildformen, wie z.B. die Vogelkirsche, welche aber mehr nach Stein als nach Frucht schmeckt.

Süßkirschen

Sauerkirschen (Weichseln)

Frühe Sorten („Maikirschen") und Kirschen mit heller Farbe bringen weniger Aroma und sind daher für die Brennerei ungeeignet.

Die Früchte sollten überreif werden, jedoch noch nicht zu schrumpfen beginnen.

Allen Süßkirschen gemeinsam ist der niedrige pH-Wert. Es ist daher besondere Vorsicht bei der Vergärung (siehe Kapitel „Säurezusatz") geboten.

Sauerkirsche oder Weichsel *(Prunus cerasus)*

Während der klassische Kirsch vom Laien im Geruch schwer zu erkennen ist und erst in weiterer Folge am Gaumen seine volle Kraft entfaltet, kommt die Weichsel als moderne Variante des Kirsch dem heutigen Zeitgeist sehr entgegen. Sauerkirschenbrände sind auch von ungeübten Verkostern durch ihren ausgeprägten Primärduft sofort zu erkennen. Insgesamt sind sie aber vordergründiger und können selten die Kraft und Dichte am Gaumen entwickeln wie ein klassischer Kirsch.

Mit oder ohne Stein?

Gerade beim Kirsch gehen die Geister auseinander. Ohne Zweifel, das Steinaroma verleiht einen unverwechselbaren Duft. Brände, die länger lagern, sollten unbedingt ein wenig Kontakt mit dem Stein haben. Arbeitet man mit Entsteinmaschinen, so sollte man unbedingt ca. 10–30% der Steine wieder der Maische zugeben.

Aus den Steinen wird das Amygdalin ausgelaugt. Und zwar um so stärker, je mehr Kerne beim Maischen gebrochen wurden und je länger die Maische auf den Kernen lagert. Daraus entstehen das Bittermandelöl (hauptsächlich Benzaldehyd) und Blausäure.

Bereits ein triftiger Grund, den Steingeschmack nicht zu intensiv ausfallen zu lassen. Aber auch sensorisch ist Vorsicht geboten. Benzaldehyd kann den Geruch intensivieren, nicht aber den Geschmack. Das Resultat sind duftige Brände mit ausgeprägter Bittermandel-Marzipan-Note, aber ohne Fülle, Fleischigkeit und Struktur am Gaumen.

Kornelkirsche *(Cornus mas)*

Der Strauch stammt aus dem Kaukasus und wurde von den Römern über Mitteleuropa verbreitet. Als Baum erreicht die Kornelkirsche eine Höhe von bis zu acht Metern.

In Österreich ist sie unter dem Synonym „Dirndl" als Schnapsfrucht gelegentlich präsent – was nichts daran ändert, daß sie aufgrund ihrer geringen Ergiebigkeit und auch des etwas indifferenten Aromas zu den „Exoten" zählt.

Kornelkirsche (Dirndl)

Weißfleischiger Pfirsich

Pfirsich (*Prunus persica*)

Er wurde vor rund 1.000 Jahren in China kultiviert. Über Persien gelangte er in den Mittelmeerraum, durch die Römer nach Mitteleuropa.

Hier bedarf es – ähnlich wie bei der Marille – klimatisch begünstigter Gebiete für den Anbau. Sein feines, zartes Aroma ist für den Schnapsbrenner eine große Herausforderung, für den Konsumenten aber nur schwer nachzuvollziehen. Ob man die gelbfleischigen Speisepfirsiche oder die weißen Weingartenpfirsiche verarbeitet – spätestens nach der Vergärung findet man ein Aroma vor, das nur den ausgesprochenen Kenner und Liebhaber auf die Fährte des Pfirsichs führt. Schwer zu erkennen im Duft, aber aufgrund der geringen Ausbeute sehr fleischig und dicht am Gaumen ist Pfirsich ein ansprechender Schnaps, der aber seine Identität nie ganz preisgibt. Auf dem Markt hat er sich bisher nicht nennenswert etablieren können.

Die Pflaumengruppe

Dazu gehören Pflaumen, Zwetschken, Reineclauden, Mirabellen, Kriecherln, Kornelkirsche und – last but not least – Schlehen, die Stammfrucht der gesamten Gruppe.

Nachdem sich in der Verarbeitung viele Parallelen ergeben, sei für die gesamte Gruppe gesprochen:

Auch die Pflaumen sollten entsteint werden. Sie haben meist einen recht hohen Zuckergehalt, was für den Brenner auch quantitative Vorteile hat. Dies kann aber mitunter zu einer sehr stürmischen, hitzigen Gärung führen, welche zu rasch abläuft und zwangsläufig Aromaverluste mit sich bringt. Eine gekühlte Gärung ist daher anzuraten.

Bei der Destillation gibt es viele Überlieferungen, welche dem Fusel frönen: Man soll möglichst weit hinunterbrennen, eventuell gar nur $1^1/_2$ mal, rein in den etwas üppigeren Nachlauf, um mehr Fülle zu erhalten. Dem sollte um der Reintönigkeit der Destillate willen entschieden Einhalt geboten werden. Ähnlich wie bei der Marille, liegen noch viele wichtige Aromakomponenten für den Gaumen sehr nahe beim Nachlauf. Deshalb aber gleich den Nachlauf mit Aroma zu verwechseln, wäre denn doch etwas geschmacklos.

Pflaume und Zwetschke (*Prunus domestica*)

Auch Eierpflaume, Zwetschge, Zwetsche. Die Heimat der europäischen Zwetschke ist wahrscheinlich das Kaukasusgebiet. Weltweit gibt es mehr als 2.000 Sorten.

Überreife, leicht runzelige Hauszwetschken

Großfruchtige Pflaume – Hauszwetschke – Kriecherl
Je kleiner die Frucht, desto intensiver ihr Aroma

Grundsätzlich unterscheidet man zwischen rundlichen (Pflaumen) und länglichen (Zwetschken) Formen.

Schnaps aus Zwetschken hat eine lange und in manchen Ländern dominierende Tradition. Aus den Balkanländern – weltweit eines der Hauptanbaugebiete – ist der „Slibowitz" ja bestens bekannt. Jenseits dieser zumeist in großen Industrien hergestellten Destillate kann vor allem die Hauszwetschke wunderschöne Schnäpse mit einem sehr sortentypischen Charakter ergeben. Der Grund ist die lange Vegetationsperiode dieser spätreifenden Sorte, die dadurch ein Maximum an aromatischen Inhaltsstoffen aufweist.

Nachdem Zwetschken über kein ausgesprochen primär-vordergründiges Aroma verfügen (und man dieses auch nicht unbedingt erwartet), eignet sich der Schnaps sehr gut für lange Lagerung und auch für den Faßausbau.

Kriecherl *(Prunus domestica)*

Diese kleinfruchtige, vorwiegend in der Steiermark und Ostösterreich vorkommende Spielart zwischen Mirabelle und Pflaume läßt sich nicht entsteinen (das Fleisch haftet unzertrennlich am Stein). Sie wird daher mit Stein eingemaischt, dieser jedoch nach der Gärung großteils von der Maische getrennt. Das Destillat hat daher üblicherweise einen deutlichen Steinton. Im Duft und Geschmack der Zwetschke wohl verwandt, aber deutlich dezenter und feiner im Aroma.

Mirabelle *(Prunus syriaca)*

Runde, kleine Zwetschkenart, intensiv gelbe Farbe. Sie soll im 15. Jahrhundert durch König René von Anjou aus Westasien in Frankreich eingeführt worden sein. Durch den im Vergleich zum Fleisch hohen Schalenanteil liefert die Mirabelle ähnlich dem Kriecherl viel Aroma.

Reineclaude *(Prunus domestica)*

Auch Reneklode, Ringlotte, Reinklau usw. Diese sehr alte, je nach Sorte blauviolette, purpurrote, grünliche oder leuchtend gelbe Zwetschkenart ist wahrscheinlich aus Armenien nach Europa gebracht worden. In der Schnapsbrennerei spielt sie nur eine untergeordnete Rolle. Ähnlich Mirabelle, jedoch meist nicht so dicht im Aroma.

Schlehdorn *(Prunus spinosa)*

Der Schlehdorn ist die „Mutter" der europäischen Zwetschken. Die auf dornigen Büschen wachsende Steinfrucht kann bis zu 15 Millimeter groß werden. Frosteinwirkung

Ein Edelbrand hat sein Aroma von der Frucht und nicht vom Stein

Mirabelle von Nancy

Schlehe

verwandelt den gerbstoffreichen Schlehdorn in eine eßbare, herbsüße Frucht. Sie weist sehr wenig Fruchtfleisch auf und läßt sich nicht entsteinen. Dies verleiht dem Destillat eine eigene, kernbetonte Aromatik.

Beerenobst

Himbeere, Brombeere und Holunder sind im botanischen Sinn Steinfrüchte, Vogelbeere und Adlitzbeere Kernobst – sie alle zählen aber brenntechnisch zum Beerenobst.

Diesen Früchten gemeinsam sind der hohe Preis für die Rohware und die geringe Ausbeute. Es war somit von alters her immer das Bestreben, aus wirtschaftlichen und brenntechnischen Überlegungen die Ausbeute zu erhöhen, am einfachsten durch den Zusatz von neutralem Alkohol, sprich Vergeistung.

Geist oder Brand?

Der Unterschied zwischen Geist und Brand läßt sich anhand des berühmtesten Vertreters, nämlich des Himbeergeists, diskutieren.
Die Verarbeitung zu Himbeergeist ist in der einschlägigen Fachliteratur ausreichend beschrieben. Nach alten Rezepten genügt ein Verhältnis von 1 Teil Frucht auf 1–2 Teile Alkohol, was einer Ausbeute von 50–100% entspricht. Dagegen nimmt sich der natürliche Alkoholgehalt von 1,5–2%, welcher sich durch die Vergärung des fruchteigenen Zuckers bildet, recht bescheiden aus. Man erhält also 33–50 mal mehr Geist als Brand. Ein weiterer Kommentar erübrigt sich.
Die Brenntechnik bei der Herstellung echter Beerenbrände ist geprägt vom geringen Alkoholgehalt der Maischen. Bei der Destillation braucht man Geräte, welche zumindest einen Dephlegmator zuschalten können, damit die äußerst geringe Ausbeute an Alkohol entsprechend verstärkt und das Destillat ordentlich gereinigt werden kann. Ein guter Teil muß dreimal destilliert werden. Dies erfordert nochmals mehr Arbeit und höhere Kosten. Die Mühe lohnt sich aber.
Der Brand hat seine eigenen Gesetze. Bedingt durch die Gärung, ist die Aromatik unterschiedlich. Während im Geist nur Primäraromen vorhanden sind, so steuert der Brand durch die Gärung und weitere Lagerung auf der Maische noch Sekundäraromen bei. Diese mögen beim ersten Schnuppern vielleicht nicht so einfach zu ergründen sein; je länger man sich jedoch damit beschäftigt, um so eindeutiger ist der Geist dem Brand auch schon im Geruch unterlegen. Am Gaumen trifft der Geist meist gar nicht mehr auf, weil er sich bereits auf der Zunge verabschiedet. Um so weniger kann von Abgang und Nachhall die Rede sein. Gerade dort entfaltet ein Himbeerbrand aber seine Kraft, seine Würze und Intensität. Über Minuten hat man immer wiederkehrend den Geschmack am Gaumen.

Eberesche, Vogelbeere (Sorbus aucuparia)

Moosesche, Stinkesche, Güütsch, Quitschbeere sind Synonyme für die Früchte dieses in ganz Europa bis hinauf in den hohen Norden und im Gebirge bis an die Baumgrenze verbreiteten Baumes. Die Eberesche stellt nur wenig Anforderungen an Standort und Klima; entsprechend rauh und wild schmecken die Früchte.

Für den Rohverzehr sind sie ungeeignet, aber sie werden – wie etliche andere Wildfrüchte – durch Frost entbittert. In diesem Zustand können die Beeren zu gären beginnen, hängen also als alkoholische Freudengaben auf den Bäumen. Amseln und Drosseln erfreuen sich mit ausgiebigen Gelagen an diesem Geschenk der Natur. Früher wurden getrocknete Vogelbeeren auch dem Hausgeflügel als Futter verabreicht, wodurch dessen Fleisch angeblich wesentlich schmackhafter geworden ist.

Der Eberesche als zäher, lebensfreudiger Pflanze wurden nebst magischen und zauberabwehrenden Aspekten auch bakterientötende und entzündungshemmende Wirkungen zugesprochen.

Vergleich zwischen Vogelbeere und Elsbeere

Für den Schnapsbrenner sind die wildgewachsenen Formen interessanter als die gezüchteten, süßen. Sie bringen durch ihren weit geringeren Zuckergehalt zwar wesentlich weniger Ausbeute, geben aber das viel intensivere, kräftigere Aroma nach Bittermandeln und Marzipan an das Destillat weiter.

Die Verarbeitung erfolgt ausschließlich in gerebelter Form. Dies ist unbedingt notwendig, damit keine grasigen und bitteren Nebentöne entstehen. Nachdem die Beeren sehr trocken sind, müssen sie unbedingt vermahlen und mit Wasser angeteigt werden. Die Gärung wird mittels Hefezusatz eingeleitet. Die Bitterstoffe der Vogelbeere wirken auf Hefen hemmend. Eine Spontangärung birgt daher ein zu großes Risiko in sich. Nicht grundlos sind die meisten Fehler in diesem Destillat auf Fehlgärungen zurückzuführen.

Vor oder nach dem Frost?

„Die Vogelbeeren dürfen erst nach dem ersten Frost geerntet werden. Davor ist es unmöglich, sie zu vergären", heißt es im Volksmund. Darin liegt auch ein Körnchen Wahrheit. Früher war man weder technisch so gut eingerichtet, die Beeren zu vermahlen, noch stand gärkräftige Reinzuchthefe, welche den Bitterstoffen widersteht, zur Verfügung. So spannte man eben den Frost als Gehilfen ein. Nach dem heutigen Wissensstand ist auch das Gefrieren eine Aromaschädigung. Nicht umsonst gibt es auch in der Terminologie der Weinbereitung einen Fehler, der sich „Frostgeschmack" nennt. Die Vogelbeeren sollten zwar sehr reif, aber keinesfalls vertrocknet sein und unbedingt vor dem ersten Frost geerntet werden.

Insbesondere im österreichischen Alpenraum hat der Vogelbeerschnaps eine besondere Bedeutung erlangt. Erstens ist er als Lagerschnaps sehr geeignet, zweitens gewinnt er im Alter an Milde und erreicht sogar eine ungeahnte Eleganz. Jugendlich ist der Schnaps eher wie die Früchte, also spröde, eckig und rauh.

In den letzten Jahren hat sein Image ein wenig gelitten: einerseits durch übertrieben rustikale, derb-deftige Schnäpse, andererseits durch dünne, gestreckte Wässerchen und Geiste. Gestreckt kann sowohl nach der bäuerlichen (durch Zusatz von Zucker, Most oder anderen billigeren Rohstoffen, wie Äpfel oder Birnen) als auch nach der industriellen (mittels Alkoholzusatz) Methode werden.

Ein guter Vogelbeerschnaps hingegen ist trotz seiner Eigenwilligkeit und herben Extrakte ein sehr sauberer, kräftiger und auch finessenreicher Brand.

Die Vogelbeeren werden in ganzen Dolden geerntet …

… und anschließend gerebelt

Elsbeere (Sorbus torminalis)

Auch Adlitzbeere oder Arlsbeere. Der Elsbeerbaum besiedelt seit Jahrtausenden die Laubwälder von Mittel- und Südeuropa bis zum Kaukasus. Im alten Gallien wurde aus Elsbeeren ein Bier gebraut, im Elsaß entstand daraus der „Aliziergeist".

Die bis zu 25 Meter hohen Bäume bevorzugen warme, sonnige Hänge und erreichen ein Alter von 200 bis 300 Jahren. Im September/Oktober reifen auf Doldentrauben ein bis eineinhalb Zentimeter große Äpfelchen. Die bei Vollreife braunen Früchte sind sehr gerbstoffreich und zu adstringierend, als daß sie frisch verzehrt werden könnten. So bedarf es noch mehr als bei den Vogelbeeren des Frostes, um an eine weitere Verarbeitung denken zu können.

Der besondere Stellenwert des Elsbeerschnapses ergibt sich aus dem langsamen Wachstum der Bäume ebenso wie aus der mehrjährigen Fruchtpause. Die keineswegs einfache Ernte aus den mächtigen Baumkronen kann nur in Abständen von einigen Jahren in rentablen Mengen erfolgen. Es sind eher die Seltenheit und die kleine Erntemenge als der sehr schöne, intensive und der Vogelbeere sehr ähnliche Geschmack, die daraus eine österreichische Besonderheit gemacht haben.

Himbeere (Rubus idaeus)

Erste Kultivierungen dieser früher nur als Wildart in mitteleuropäischen Ländern vorkommenden Beere wurden im Mittelalter vorgenommen. Seither nimmt die Himbeere in ihrer Gattung einen führenden Platz ein. Dies gilt sicherlich auch für die Destillate. Kein anderer Beerenschnaps erreicht dieses duftige und deutliche Primär-

Wald - oder Gartenhimbeere?

Das Thema „Wald-" oder „Kulturhimbeere" ist zwar bedeutend, zumal es wirklich deutliche sensorische Unterschiede zwischen beiden gibt. Welche nun besser schmeckt, ist eine ganz andere Frage. Sicher ist, daß die Waldfrucht um ca. 30–50% mehr Ausbeute erbringt. Das Dilemma der Himbeere ist die frühe Ernte. Damit die Früchte den Transport überstehen, werden sie meist unreif geerntet. Läßt man aber insbesondere eine Kulturhimbeere wirklich reif werden, sprich um 2–3 Tage länger am Strauch hängen als für die Frischobsternte, so entfaltet sie erst ihr volles Aroma, welches man am „Frischmarkt" überhaupt nie zu „schmecken" bekommt. Und dieses Aroma ist zwar anders, aber es steht jenem der Waldhimbeere in nichts mehr nach.
Diese Vorgangsweise setzt aber eine Verarbeitung am gleichen Tag voraus, was wiederum für eine Waldhimbeere aufgrund der langen Transportwege und kleinen Mengen unmöglich ist.

Himbeere

Brombeere

aroma, mit dem die Himbeere besticht. Vor allem deswegen wird sie gern „vergeistet". Echte Schnäpse aus Himbeeren sind aufgrund der geringen Ausbeute noch immer eine Rarität.

Brombeere *(Rubus)*

Brombeeren wie Himbeeren müssen bis zur geschmacklichen Vollreife am Strauch hängenbleiben, da sie in gepflücktem Zustand nicht nachreifen. Die Verarbeitung erfolgt analog zu den Himbeeren. Nachdem Brombeeren längst nicht so begehrt sind, spielen auch Destillate daraus nur eine Liebhaberrolle.

Holunder, Schwarzer *(Sambucus nigra)*

Auch Holder, Holler. Holunder wächst bis auf eine Seehöhe von 1.500 Meter. Ein altes Sprichwort sagt, man solle vor dem Holunderstrauch den Hut ziehen, womit auf die gesundheitliche Bedeutung in der Volksmedizin hingewiesen wird.

Als Destillat ergibt Holunder einen würzigen, dichten und kompakten Schnaps. Die Beeren müssen unbedingt gerebelt und ohne Kämme eingemaischt werden.

Johannisbeere *(Ribes)*

Auch Cassisbeere, Ribisel. Heimat der Johannisbeere sind Europa, Asien und Nordamerika. Am stärksten verbreitet sind die Roten Johannisbeeren, von den Inhaltsstoffen her stehen aber die Schwarzen Johannisbeeren an erster Stelle. Sie ergeben auch das intensivere, sehr sortentypische Destillat.

Mehlbeere *(Sorbus aria)*

Als Großstrauch oder Baum wächst die Mehlbeere hauptsächlich in lichten Wäldern, an Waldrändern, Feldgehölzen und Hecken. Im Oktober färben sich die rund 1 Zentimeter großen Scheinfrüchte rot und werden eßbar und süß. Der Mehlbeerbaum gilt auch als Wetterprophet: Wenn seine weißen Blattunterseiten besonders gut sichtbar sind, soll dies auf einen Wetterumschwung hindeuten.

Erdbeere *(Fragaria)*

Jahrtausende hindurch nur als kleine Walderdbeere bekannt, wurde sie von den Griechen ihres einmaligen Geschmacks wegen als „Königin der Früchte" bezeichnet.

Schwarzer Holunder

Schwarze Johannisbeere

Im 18. Jahrhundert wurde in Frankreich die erste Ananaserdbeere angebaut. Für die Herstellung von Destillaten, aufgrund ihrer äußerst flüchtigen Aromen, eher nicht geeignet.

Heidelbeere (Vaccinium sp.)

Ähnlich wie die Erdbeere im Destillat nur schwer zu erkennen, aber trotzdem teuer in der Herstellung. Daher auch mehr oder weniger bedeutungslos.

Traube und Wein

Der Rebstock hat ein nachweisbares Alter von über 50 Millionen, die Weintraube als Kultursorte eines von 5.000 Jahren. Die Römer verfeinerten den Weinanbau und brachten ihn bis zu den Germanen an Rhein und Mosel sowie in den Donauraum.

Im Wein steckt somit jede Menge Tradition. Dies gilt auch für alle Arten von Destillaten aus den Weintrauben. Cognac und Armagnac, Grappa und Marc, Weinbrand und Trester sind nur die bekanntesten Namen. Das klassische Land der Weinbrennerei ist Frankreich, jenes der Tresterdestillation Italien.

Weinbrand

Rund um die Stadt Cognac, in der südfranzösischen Charente, wird schon seit Jahrhunderten Weinbrand hergestellt, der unter dem Namen der Regionshauptstadt weltberühmt wurde. Der Name *„Cognac"* ist für Weinbrandprodukte aus dem gesetzlich genau abgegrenzten Gebiet seit dem Versailler Vertrag von 1919 international geschützt. Damit verbunden sind nicht nur eine Herkunftsgarantie, sondern auch ein spezielles Herstellungsverfahren, um das man gerne Legenden und Geheimnisse rankt.

Seine Entstehung verdankt der Cognac im Prinzip dem Umstand, daß die im Département Charente gekelterten Weißweine nicht die Klasse anderer Weine Frankreichs erreichten. Mit ihrer über 500jährigen Tradition haben die Cognac-Destillateure einen enormen Erfahrungsschatz gesammelt und – gerade bei Weinbränden sehr wichtig – viel Zeit gehabt, um ihre Produkte reifen zu lassen. Junge Weinbrände, soviel steht fest, schmecken nirgendwo auf der Welt.

Für die Destillation eignen sich hauptsächlich „kleine" Weine, die wegen ihres geringen Zuckergehalts auch eine geringe Ausbeute ergeben. Die größere Traubenmenge liefert jedoch in Relation zur Alkoholausbeute mehr von jenen flüchtigen Aromastoffen, die die Basisqualität eines guten Weinbrandes ausmachen.

Erdbeere

Gartenheidelbeere

Mehlbeere

Der Most wird unfiltriert und ungeklärt in großen Betonbehältern trocken vergoren und schließlich zusammen mit der Weinhefe abdestilliert. Ein Teil der charakteristischen, schwerflüchtigen Bukettstoffe im Cognac entstammt der Weinhefe.

Zur Anwendung kommt beim Cognac das doppelte Brennverfahren. Dabei wird ganz bewußt an der althergebrachten Brennmethode mit einem altertümlich anmutenden Destillierapparat, dem „Alambic charantais", festgehalten. Besondere Sorgfalt erfährt der Cognac dann bei der Lagerung in Limousin-Barriques. Relativ kurze Zeit geschieht dies in neuen Fässern, dann wird in gebrauchte umgefüllt. Mindestreifedauer sind drei Jahre, die großen Weinbrände verbleiben aber wesentlich länger im Faß und werden dabei immer wieder aufgefüllt. Abrundende Zusätze (Bonificateur), wie Zucker (erlaubt sind für den französischen Markt 20 g/l bzw. für den Export 40 g/l) und Zuckercoleur, Holzextrakte und Pflaumenauszüge, werden erst vor dem Abfüllen zugesetzt.

Die Brände aus der Gascogne, dem ebenfalls gesetzlich geschützten Herkunftsgebiet des *Armagnac,* erfahren im großen und ganzen dieselbe Behandlung. Im Unterschied zum Cognac aber werden die Weine großteils von der Hefe abgezogen und nur im einfachen Brennverfahren destilliert. Sie schmecken daher auch etwas rustikaler als der noblere Bruder aus der Charente.

Dieser Tradition haben die Brennereien in anderen Ländern wenig entgegenzusetzen. Was nicht heißen soll, daß nicht auch anderswo vorzügliche Weinbrände erhältlich sind. Zu erwähnen wären die südlich heißen *spanischen* oder *italienischen Brandys* oder *griechischer Metaxa.* Daß der Weinbrand in diesen Ländern noch süßer als in Frankreich ausgebaut wird, hat nichts mit der Sonne, sondern einzig und allein mit der Zuckermenge zu tun, welche den Bränden vor der Füllung zugesetzt wird. Dies gilt auch für *deutschen* oder *österreichischen Weinbrand.*

Weinbrand trocken? Es gibt lobenswerte Initiativen einiger Winzer, den Weinbrand zwar zu lagern, auf die Zugabe von Zucker und Zuckercoleur (zur Färbung) jedoch zu verzichten. Diese Produkte liegen nicht im Trend, sie setzen aber deutliche Akzente: Ein Brand sollte nicht nur weich und mild (abhängig von der Süße), sondern auch kraftvoll und trocken sein. Weinbrand muß nicht immer tiefbraun gefärbt sein, auch die natürliche, etwas hellere Eichenholzfarbe kann sich als durchaus reizvoll erweisen. Das natürliche Aroma wird nicht durch Zusätze (Bonificateur, Typage,...), sondern ausschließlich durch den Grundwein, die Destillationstechnik und die Lagerung in Eichenholzfässern bestimmt.

Für diese Art von Weinbrand sollte man leichte Grundweine – ähnlich wie im Cognac – verwenden und bei der Destillation etwas weiter hinunterbrennen. Nimmt man das Destillat zu hoch, sind die Weinbrände meist zu neutral.

Sortierte und gerebelte Trauben

Weinbrand lagert über viele Jahre in Eichenfässern

Trester

Trester oder Trebern, Grappa (nur für italienische Erzeugnisse), Marc (Frankreich) sind die geläufigsten Bezeichnungen für diese Spezies.

Obwohl die Destillation von Weintrester auf eine annähernd gleich lange Vergangenheit wie Weinbrand zurückblickt, sind die Unterschiede bei diesem Brand im Vergleich zu den Klassikern nicht so groß. Die Lagerung und Reifung vor allem erfordern weit weniger Erfahrung und Zeit. Hier ist es relativ einfacher, der Tradition, wie sie etwa in Italien mit dem Nationalschnaps Grappa vorherrscht, mit gutem Ausgangsmaterial und einer entsprechenden Technik zu begegnen.

Hauptaugenmerk kommt beim Tresterbrand der Qualität der Preßrückstände zu. Die Bilder von Komposthaufen, aus denen mit einem Radbagger die Trester in die Brennerei verfrachtet werden, sind ja bekannt. Aus altem, möglicherweise verdorbenem oder zumindest verdorrtem Trester kann nie und nimmer ein guter Schnaps entstehen.

Ob es sich um gerebeltes oder ungerebeltes Material handelt, ob stark oder weniger stark abgepreßt wurde, ob es Weiß- oder Rotweintrauben waren und ob die Trester sofort vermaischt bzw. gebrannt wurden – das sind die zu beachtenden Komponenten. Daraus ergeben sich grundsätzlich unterschiedliche Typen von Tresterbrand:

Kernig – würzig – süß

Die Tresterschnäpse aus dem Land der Klassiker, die Grappe, werden meist aus relativ trockenem Trester über Direktdampf destilliert. Das ergibt den bekannt kernigen, rustikalen und oft strengen Typus. Fruchtige Aromen sind kaum vorhanden, die herbwürzigen, häufig dumpf schmeckenden Töne nach Kernen, Stielen und Stengeln überwiegen. In den meisten Fällen wird diesen lauten, dominant kernigen Geschmackstönen mit Zucker (bei Grappa bis 20 g/l) eine angenehme Süße am Gaumen beigefügt. Dies ist der so beliebte Typus der rustikal süßen Grappe, welche einen kräftigen südländischen Espresso würdig abschließen (caffè corretto). Es geht hier nicht um Düfte, schnuppern, kosten, probieren, nein! Es sind die haptischen Eindrücke, die kräftige Würze, das wohlige Brennen, die überzeugen.

Dünn – kitschig

Kaum hatten die Grappe in all ihrer Rustikalität die feinen Restaurants erobert, haben sich die Designer dieser Urgewalt von Schnaps bemächtigt. Designet wurden nicht nur die Flaschen – was ja noch erträglich wäre –, sondern auch der Schnaps. Dünne, gestreckte Ware, dezent parfümiert, oft vom Kunden irrtümlich als zart aromatisch und fein bezeichnet, alles in allem eine Flut von nichtssagender Allerweltskost. Dann lieber gleich zurück zu den oben erwähnten Ursprüngen.

Blumig – fruchtig – traubig

Werden die Trauben nicht so stark ausgepreßt und die Trester saftiger belassen, so kann man die sortentypischen Fruchtaromen einfangen. Die Verarbeitung erfolgt analog der Behandlung einer Fruchtmaische. Insbesondere das Anteigen mit Wasser (oder Wein), damit die Trester immer flüssig bleiben und nie vertrocknen, und das hermetische Abschließen des Gärbehälters sind besonders wichtig.

Destilliert wird schonend, ohne Direkterhitzung, in Geräten, wie sie für Obst Verwendung finden. Die Destillation sollte bereits 1–2 Monate nach der Gärung erfolgen.

Der häufigste Fehler so hergestellter Tresterbrände ist ein Nachlaufgeschmack. Nachdem Trester wenig Alkohol enthält und mancher Brenner es etwas zu eilig hat, landet er unweigerlich etwas zu tief, nämlich im Fusel. Nur wer wirklich das Herz hat, nochmals zu destillieren (siehe Beerenbrände), wird insbesondere bei aromatischen Sorten ungeheuer fruchtige Brände erreichen. Sie erinnern in der Aromastilistik mehr an Obst- oder Traubenbrände denn an klassische Grappe.

Kernig – würzig – trocken

Trester muß nicht immer süß sein. Auch trockener Trester hat seinen Reiz. Dies um so mehr, als jeder Trester in Relation zur geringen Alkoholausbeute viele Aromastoffe und Gärungsnebenprodukte mitbringt, welche den Gaumen füllen. Tresterbrände schmecken niemals dünn und leer, sondern immer voll und üppig.

Je trockener der Trester, um so kerniger der Geschmack. Trockene Weißweintrester und insbesondere Rotweintrester haben in den seltensten Fällen noch fruchtige Komponenten aufzuweisen. Es überwiegen die kernigen, tresterwürzigen Noten. Trocken bedeutet aber nicht Kompost. Die Trester werden in Behältern eingestampft und nach der Gärung verschlossen gelagert. Destilliert wird nach 2–4 Monaten, ähnlich wie bei Obstmaischen (siehe oben).

Tresterbrand geht immer an die Grenze der Morbidität. Er ist eine ständige Gratwanderung zwischen Frische und Zerfall, Frucht und Kern, Würze und Blume, Milde und Schärfe. Wie ein extravagantes Parfum, in dem sich süßliche und herbe Düfte vermählen.

Traubenbrand

Er bringt, ähnlich wie bei frischem Obst, das volle Aroma des Ausgangsmaterials. Die Verarbeitungsschritte sind identisch mit der fruchtigen Trestervariante. Nachdem die Ausbeute um ein vielfaches höher ist als bei Trestern, ist auch die Destillation wesentlich einfacher, und man landet nicht so leicht im Nachlauf.

Hefebrand

Reine, saubere und wohlriechende Hefe, Geläger oder Glöger wird möglichst rasch nach der Gärung destilliert. Wartet man zu lange, beginnt die Autolyse der Hefe, und es entstehen verschiedene Fehltöne, wie z.B. die Bildung von Schwefelwasserstoff (Böckser) oder flüchtiger schwefeliger Säure, welche beide als eklatante Fehler im Destillat zu finden sind.

Hefedestillate riechen oft zu penetrant, sind aber voll und üppig am Gaumen. Nicht zuletzt deshalb wird in der Weinbrandbereitung empfohlen, den Wein unbedingt mit dem Geläger zu destillieren. Das Weindestillat wird dadurch körperreicher und – bedingt durch die geringe Konzentration – auch angenehm aromatisch.

Am schönsten entwickeln sich Gelägerbrände im Eichenfaß. Zwar dauert es Jahre, aber die weichen Gelägerextrakte vermählen sich innig mit den harten Tanninen der Fässer und geben weiche, milde, runde und vollmundige Destillate. Der hohe Extraktgehalt erübrigt eine weitere Abrundung mit Zucker.

Übersicht: Die Früchte und ihre Verarbeitung

Verarbeitung / Frucht	Ernte	Maischen	Gärung
Apfel	Genußreife – leicht überreif	Obstmühle, feine Körnung	langsam, kontrolliert bei 15–20° C
Birne (Williams)	Genußreife, Lagerung im Kühlhaus bis zum Weichwerden	Obstmühle, feine Körnung	langsam, kontrolliert bei 15–20° C
Marille	vollreif – überreif	Entsteinmaschine oder quetschen, ohne die Steine zu zerstören	langsam, kontrolliert bei 15–20° C
Kirsche	vollreif – überreif	Entsteinmaschine oder quetschen, ohne die Steine zu zerstören	langsam, kontrolliert bei 15–20° C
Zwetschken und Pflaumen	vollreif – überreif	Entsteinmaschine oder quetschen, ohne die Steine zu zerstören	langsam, kontrolliert bei 15–20° C
Himbeere	vollreif – überreif	Quetschmühle oder Rührwerk	zügig bei ca. 20° C
Vogelbeere	vollreif, jedoch ohne Frost	mit dem Rebler die Rispen entfernen, mit der Obstmühle gut zerkleinern	zügig bei 20–25° C
Wein	früh ernten, damit nicht zuviel Zucker/ Alkohol entsteht		ohne Schwefelzusatz bei 15–20° C vergären
Traube	nicht überreif werden lassen	Rebler	langsam, kontrolliert bei ca. 20° C
Trester	unmittelbar nach dem Pressen, sofort vor Sauerstoff schützen	durch Einstampfen oder Überziehen mit Flüssigkeit (Wein oder Wasser)	zügig bei 20–25° C

Standzeit auf der Maische	Brennen	Lagerung
einige Wochen bis einige Monate	je nach Sorte relativ früh auf Nachlauf schalten	Mittleres (Glas) oder sehr langes (Holzfaß) Lagerpotential.
einige Wochen bis einige Monate	sehr früh auf Nachlauf umschalten	Kann bereits jung (im ersten Jahr) getrunken werden, hat aber enormes Lagerpotential für viele Jahre.
einige Wochen bis einige Monate	weiter hinunterbrennen, noch wertvolle Inhaltsstoffe knapp vor dem Nachlauf	Das primäre Sortenaroma verflüchtigt sich mit zunehmender Lagerdauer, daher binnen 2–4 Jahren austrinken.
einige Wochen bis einige Monate	weiter hinunterbrennen, noch wertvolle Inhaltsstoffe knapp vor dem Nachlauf	Lebt nicht von der Primärfrucht, wird nach mehrjähriger Lagerung immer interessanter, großes Lagerpotential.
einige Wochen bis einige Monate	weiter hinunterbrennen, noch wertvolle Inhaltsstoffe knapp vor dem Nachlauf	Sowohl im Glas als auch im Faß ausgebaut sehr lange lagerfähig.
einige Wochen	trotz geringer Ausbeute früh genug auf Nachlauf umschalten, Dephlegmator beim Feinbrand von Vorteil	Frisch fruchtig im ersten Jahr, komplexe reife Frucht erst im 2. oder 3. Jahr
einige Wochen	trotz geringer Ausbeute früh genug auf Nachlauf umschalten	Im ersten Jahr dominiert der Bittermandelton, wird mit zunehmender Lagerdauer immer komplexer eingebunden.
einige Monate auf der Hefe liegen lassen	gemeinsam mit der Hefe, man darf auch weiter hinunterbrennen	Je länger desto besser, in stark getoasteten Eichenfässern.
kurz, maximal einige Wochen	hohe Ausbeute, daher weiter hinunterbrennen	Frisch und fruchtig, eher jung zu trinken.
für fruchtigen Typ einige Wochen, für klassischen Trester einige Monate	entweder mit Direktdampf (rustikale Methode) oder im Obstbrennkessel mit starker Dephlegmation	Fruchtiger Typus 1–3 Jahre, Klassiker beliebig lange.

BEGRIFFSBESTIMMUNGEN UND SACHBEZEICHNUNGEN

Das Gute vom Schlechten zu unterscheiden, ist ja noch relativ einfach. Etwas schwieriger wird es, wenn einander Originale und Imitate gegenüberstehen. Selbst ausgewiesene Experten bedürfen dann oft aufwendiger Untersuchungen, um der Täuschung auf die Spur zu kommen. Was bei Gemälden oder Edelsteinen so ist, ist beim Schnaps nicht viel anders. Auch hier gibt es Hersteller, welche ihr großes Potential voll ausschöpfen und Produkte auf den Markt bringen, die vordergründig durchaus gefällig sein können und überdies mit einem konkurrenzlos günstigen Preis aufwarten. Sie haben nur einen – wie man meinen möchte: gravierenden – Nachteil: Es handelt sich um Imitate.

Leider haben Gesetzgeber das ihre dazu beigetragen, der Irritation auf diesem Gebiet Vorschub zu leisten. Die vorgeschriebenen Bezeichnungen für die verschiedenen Arten von Spirituosen stiften mehr Verwirrung als Aufklärung für die Konsumenten. So ist u.a. von „Wässern“ die Rede und weiters von „Schnaps“, „Geist“, von „Brand“, „Spirituose“ und von „Destillat“ sowie – in Österreich – von „Österreichischem Qualitätsbrand“. Hand aufs Herz: Wer weiß auf Anhieb, was davon unechte, halbechte oder echte Brände bezeichnet?

Eine Zutatenliste, wie sie bei Nahrungs- und Genußmitteln ansonsten üblich ist, könnte den Konsumenten eindeutig aufklären. Eine solche gibt es derzeit noch nicht. Es wird lediglich – EU-weit – darüber diskutiert. Daß die Meinungen zu diesem Thema sehr breit gestreut sind, kann man sich vorstellen.

Eine kleine Begriffserklärung mag möglicherweise hilfreich sein:

„Spirituose“

ist gemäß EU-Verordnung eine Flüssigkeit, die zum menschlichen Verbrauch bestimmt ist, besondere organoleptische Eigenschaften (Geruch, Geschmack etc.) sowie einen Mindestalkoholgehalt von 15% Vol. aufweist und wie folgt gewonnen wird: entweder unmittelbar durch Destillieren – mit oder ohne Zusatz von Aromastoffen – aus natürlichen vergorenen Erzeugnissen und / oder durch Einmaischen von pflanzlichen Stoffen und/oder durch Zusatz von Aromastoffen, Zucker oder sonstigen Süßstoffen und/oder sonstigen landwirtschaftlichen Erzeugnissen in Äthylalkohol landwirtschaftlichen Ursprungs und/oder in Destillaten oder Brand oder durch Mischungen derselben.

„Brand“

bezeichnet eine Spirituose, die ausschließlich durch alkoholische Gärung und Destillieren einer frischen fleischigen Frucht oder des frischen Mosts dieser Frucht gewonnen wird, die zu weniger als 86% Vol. so destilliert wird, daß das Destillat das Aroma und den Geschmack der verwendeten Frucht behält.

„Wasser"

ist hauptsächlich in Deutschland ein Synonym für „Brand" („Kirschwasser"). In Österreich wird dieser Begriff nicht oder nur äußerst selten verwendet.

„Eaux de vie"

Hauptsächlich in Frankreich gebräuchliche Bezeichnung für Destillate aus allen möglichen Früchten, wobei keine Unterscheidung nach der Herstellungsmethode getroffen wird.

„Geist"

Die durch Einmaischen ganzer, nicht vergorener Früchte in Äthylalkohol landwirtschaftlichen Ursprungs und durch anschließendes Destillieren gewonnenen Getränke können als „Geist" bezeichnet werden.

„Brand"

Als „Brand" können ferner Spirituosen bezeichnet werden, die durch Einmaischen bestimmter Beeren und sonstiger Früchte, wie z.B. Himbeeren, Heidelbeeren, Brombeeren und anderen, die teilweise vergoren oder nicht vergoren sind, in Äthylalkohol landwirtschaftlichen Ursprungs oder in Brand oder in einem Destillat und anschließendem Destillieren bei einer Mindestmenge von 100 kg Früchten auf 20 l reinen Alkohol gewonnen werden.

Die gesetzlich vorgeschriebene Zusatzbezeichnung „... brand – durch Einmaischen und Destillieren hergestellt" ist eigentlich nur eine positive Auslobung und keineswegs die eindeutige Degradierung dieser Erzeugnisse im Vergleich zu echtem Beerenbrand.

Damit ist die Verwirrung für den Konsumenten perfekt. Unter gleichen Namen kommen verschiedene Produkte auf den Markt, welche sich im Fruchtgehalt 1:10 unterscheiden können.

Beträgt nämlich die Ausbeute bei reinem Himbeerbrand nur ca. 1,5–2%, so kann man nach obigen Verfahren Himbeerbrand mit 20% Ausbeute erzeugen.

„Schnaps"

war im deutschen Sprachgebrauch die ursprünglichste Bezeichnung für Echtes, Gebranntes. Und zwar ausschließlich dafür, und nicht für Gestrecktes. Dies alles ist nach der neuerdings in Österreich geltenden Begriffsbestimmung nicht nur erlaubt, sondern Voraussetzung, um den Begriff Schnaps auf dem Etikett zu verdienen: Es ist handelsüblich, unter der Sachbezeichnung „Spirituose" und der Zusatzbezeichnung „Schnaps" unter Voranstellung des Namens der Frucht Edelbranntweine in Verkehr zu bringen, denen Äthylalkohol landwirtschaftlichen Ursprungs beigefügt wurde, wenn der Anteil des aus der namengebenden Frucht herrührenden Alkohols am Gesamtalkohol mindestens 33% beträgt. Obstschnaps wird weder gefärbt noch aromatisiert.

Besonders irreführend ist die Bezeichnung, weil sich meist in großen Lettern z.B. die Bezeichnung „MARILLENSCHNAPS" findet, während an anderer Stelle, wesentlich kleiner, die Sachbezeichnung „Spirituose, 33% Destillatanteil" steht.

Schnaps oder Edelbrand?

Schnaps stammt, rein etymologisch, vom norddeutschen „Schnappen". Damit bezeichnete man im 18. Jahrhundert den schnellen Schluck, wie er beim Trinken von Branntwein üblich war.

Zumal in Österreich ist Schnaps die „gestandene", die traditionelle Bezeichnung für alles Gebrannte. Spätestens mit dem Dekret von Maria Theresia, mit dem alle „Stoffbesitzer" und Bauern mit eigenen Obstwiesen bis zu 300 Liter reinen Alkohol erzeugen durften, hat sich das Wort Schnaps fest etabliert.

Dennoch treten für die Verwendung und den weiteren Gebrauch dieser Bezeichnung im ursprünglichen Sinn nur mehr Traditionalisten ein. Bezeichnete sie doch besser als die moderne Wortkreation „Edelbrand" das, was es ist: den reinen Obstbrand mit seiner langen, in erster Linie bäuerlichen Geschichte.

Dieser althergebrachten Tradition wurde per (österreichischem) Gesetz ein jähes Ende gesetzt, indem man es nur mehr für die unterste Schublade der Spirituosen verwenden darf (siehe „Begriffsbestimmungen").

Das Wort „Edelbrand" darf wohl eher dem Schöpfungsbereich von Werbe- und Marketingabteilungen zugesprochen werden. Manchmal wird damit aber nur – möglichst in Verbindung mit schönen, „trendigen" Designerflaschen – vorgetäuscht, was nicht ist. Von edlen Bränden ist keine Spur zu finden.

Kundige Gastronomen wie informierte Konsumenten lassen sich aber auf Dauer nicht täuschen. Wenn in Fach- wie in Privatkreisen einmal die Warnung umgeht, daß nicht überall, wo „Edel" draufsteht, solches auch drinnen ist, wirkt sich dies unumgänglich auf den Absatz aus. Es liegt dann an den Produzenten, verlorenes Vertrauen der Kunden wiederzugewinnen.

„Österreichischer Qualitätsbrand"

bezeichnet die höchstmögliche Qualitätsstufe, ein aus 100 Prozent Früchten gewonnenes Destillat. Die Sache hat nur einen Haken: Für den Durchschnittskonsumenten wird kein Unterschied z.B. zu einem „Österreichischen Edelbrand" oder ähnlichen Wortspielereien zu erkennen sein.

„Destillat"

ist die alkoholische Flüssigkeit, die durch Destillation nach alkoholischer Gärung hergestellt wird und weder die Merkmale von Äthylalkohol noch jene von Spirituosen aufweist, jedoch ein Aroma und einen Geschmack bewahrt hat, die von den verwendeten Ausgangsstoffen stammen. Wenn auf den verwendeten Ausgangsstoff Bezug genommen wird, muß das Destillat ausschließlich aus dem betreffenden Ausgangsstoff gewonnen werden.

Damit bezeichnet man alles oder nichts – auf keinen Fall aber etwas Eindeutig-Verbindliches. Die Bezeichnung „Destillat von der Himbeere" beispielsweise könnte ein reines Phantasieprodukt decken, welches beim Konsumenten doch – zumindest vom Namen her – mit Wohlgefallen aufgenommen wird.

Kostenvergleich

Nicht nur was Material, Arbeitskosten und Ausbeute betrifft, bestehen zwischen all diesen Produkten enorme Unterschiede, auch im Preis macht sich dies deutlich bemerkbar. Unkenntnis oder Voreingenommenheit verursachen diesbezüglich Unsicherheit beim Konsumenten. Kaum einer ist sich darüber im klaren, daß dies nicht durch die Profitgier einzelner Erzeuger, sondern durch die riesigen Unterschiede bei den Herstellungskosten hervorgerufen wird.

Die folgende Vergleichskalkulation mag dies verdeutlichen:

Vergleich von Materialkosten und Ausbeute bei Himbeere

Produkt:	Geist	Brand	Echter Brand
Ausbeute:	100%	20%	2%
Kostenfaktor für Früchte:	1	5	50

Nicht berücksichtigt in diesem Vergleich sind die wesentlich höheren Verarbeitungskosten bei der Erzeugung eines echten Brandes.

Während der Edelbrenner aus seinen 100 kg Himbeeren gerade mal vier Liter Destillat (bereits herabgesetzt auf 50% Vol.) erzielt, kann der Geist-Hersteller aus derselben Menge Beeren und 100 Litern Sprit rund 200 Liter aromatisierten Alkohol mit einer Stärke von 50% Vol. erzeugen.

Obstbrand und Single Malt

Eine häufig von Konsumenten und Gastronomen gestellte Frage lautet: Weshalb ist ein jugendliches Fruchtdestillat gleich teuer oder sogar teurer als ein alter Single Malt Whiskey?

Die Antwort ist auch hier in den Kosten für den Materialeinsatz zu suchen.

Für den Whiskeyproduzenten wie für den Schnapsbrenner ist die Rechnung klar: Der Basispreis setzt sich zusammen aus den Kosten für die Arbeit und jenen des Rohstoffes. Unter der Voraussetzung, daß beide ähnliche Arbeitskosten haben, sind es in erster Linie die Rohstoff- und Verarbeitungskosten, die den Unterschied ausmachen.

Auch hier basiert die Rechnung auf den Herstellungskosten für einen Liter trinkfertigen Destillats mit 50% Vol.

Für Malt Whiskey werden rund 1,5 kg gemälzte Gerste benötigt. Die Ausbeute liegt je nach Stärkegehalt durchschnittlich bei 35%.

Ausbeutevergleich: Geist und Brand

Für Hollerschnaps werden durchschnittlich 28 kg Früchte benötigt, die Ausbeute beträgt (je nach Zuckergehalt) lediglich 1,8%.

Das heißt, man muß im Vergleich zur Gerste die 19fache Menge an Hollerbeeren verarbeiten, um dieselbe Menge Destillat herzustellen.

1 kg Holunder ist ca. 5–6 mal so teuer wie 1 kg Gerste. Das bedeutet, daß beim Hollerbrand fast 100mal höhere Rohstoffkosten als beim Whiskey anfallen.

Schwund und Zinsen belaufen sich bei Malt unter Zugrundelegung einer 15jährigen Lagerdauer sowie einem Zinssatz von 9% per anno auf einen Endwert (Zinseszins) von 364%. Holunderbrand verteuert sich nach einem Jahr Lager bei einem Zinssatz von 9% auf 109%. Das bedeutet noch immer (109 / 3,64) 30mal höhere Rohstoffkosten bei Holunder als bei Malt Whiskey.

Die Frage müßte somit lauten: Weshalb eigentlich ist der Single Malt genauso teuer wie der echte Hollerbrand?

DIE KULINARISCHEN SEITEN DES SCHNAPSES

Die Entwicklung des feinen Gaumens oder: Essen und Trinken als „zeitgeistige“ Erscheinung?

Waren früher – sagen wir, bis vor rund dreißig Jahren – die kulinarischen Aspekte des Lebens eine Sache für Eliten, so hat sich dieses Bild grundlegend gewandelt. Nicht zuletzt im deutschsprachigen Raum wurde das bewußte Genießen, die Suche nach der Qualität in den Lebensmitteln, zu einem Phänomen, das große Teile der Bevölkerung erfaßte.

Diese antielitäre Entwicklung, die Suche und der Wunsch nach den authentischen, unverfälschten Geschmackseindrücken hatte eine dialektisch belebende Wirkung auf alle beteiligten Gruppen. Die Bauern besannen sich auf die wahren, inneren Werte ihrer Produkte, kehrten der Massenproduktion den Rücken und erzeugten vermehrt qualitativ hochwertige, naturbelassene Produkte. Österreichs Winzer sind in dieser Hinsicht Paradebeispiele. Daneben etablierte sich eine breite Palette agrarischer Erzeugnisse in neuer Qualität. Ob Gemüsebauern oder Fleischproduzenten, ob Speck- und Wursterzeuger, ob Käsemacher, Obstbauern, Wein- oder Schnapshersteller: Alle liefern Produkte, wie sie seit Generationen nicht mehr bekannt bzw. noch nie dagewesen waren.

Die – auch in wirtschaftlicher Hinsicht – nicht immer einfachen Versuche konnten nur gelingen, weil sich eine entsprechend breite Schicht von Konsumenten herausgebildet hatte, denen die inhaltliche Qualität eines Produktes wichtiger war als der günstigste Preis. „Man“ ging wieder essen, frequentierte feine Restaurants, ließ sich die kühnsten Kreationen schmecken, bestellte die tollsten Kreszenzen, verschlang Berge von Gourmetberichten und orderte all die schönen Dinge, die dem Leben erst zum Genuß verhelfen. Um es mit den Worten eines österreichischen Topwinzers zu sagen: „Ohne die aufgeklärten, informierten und interessierten Kunden hätten wir solche Weine, die mittlerweile weltberühmt sind, nie machen können.“

Von dieser Entwicklung haben die Schnapsbrenner nicht nur profitiert, sie haben auch das ihre dazu beigetragen. Hier wieder darf ruhig einigen österreichischen Brennern ein Kranz geflochten werden, die zum Teil schon in den späten siebziger Jahren damit begonnen haben, das Image des Schnapses umzukrempeln. Was sich heute wie eine Selbstverständlichkeit anhört, nämlich nur gutes, reifes Obst für den Schnaps zu verwenden, war ja keineswegs gang und gäbe. Ohne behaupten zu wollen, es hätte früher keine guten Schnäpse gegeben, muß doch gesagt werden, daß diese sehr, sehr selten und entsprechend nur in kleinen Mengen verfügbar waren. Dies hat sich grundlegend geändert.

Ob in Hamburg oder München, in Wien, Kitzbühel, St. Moritz oder Zürich: Betritt der Gast ein gehobenes Restaurant, findet er nicht nur regionale Produkte auf der Speisekarte, sondern auch heimische Weine und einen Digestifwagen, auf dem die klaren Obstbrände ihren festen Platz haben. Gastronomen und Sommeliers haben sich um die Präsentation und Verbreitung edler Schnäpse ebenso verdient gemacht wie die Medien. Alle haben einen Teil dazu beigetragen, den Schnaps von seinem Image als rauhes, ungeschliffenes Rauschmittel zu befreien und in die Welt der Feinschmecker und Liebhaber überzuführen. Jetzt haben Schnäpse (Edelbrände, notabene) ihren festen und verdienten Platz neben all den großen Spirituosen der Welt. Die fruchtigen, aromatischen Obstbrände bestechen viele Gourmets mehr als die noch vor kurzem eher gleichförmigen Weinbrände, Zuckerrohr- oder Korndestillate. Wohl muß auch bezüglich Cognacs und Whiskeys – man sehe nur das jetzt vorhandene Angebot an Single Malts – von positiven Entwicklungen gesprochen werden, den bemerkenswertesten Sprung nach vorne haben aber mit Sicherheit die Obstschnäpse zu verzeichnen.

Quantität oder Qualität?

Dabei sind es vor allem die Genießer, die einen wesentlichen Anteil an dieser Entwicklung haben. Zumal in den Toprestaurants gönnen sich die Gäste verstärkt, was sie als einen würdigen Abschluß eines schönen Essens erachten – einen fruchtigen, klaren Digestif. Dieses Umdenken hat sich auch auf die privaten Haushalte übertragen; der Absatz von Schnaps hat geradezu boomartigen Charakter angenommen. Aber jeder Boom stößt irgendwann an seine Grenzen – spätestens dann, wenn die Quantität über die Qualität triumphiert, wenn der Kenner oder die Liebhaberin des edlen Schnapses dies mit gerümpfter Nase registrieren. Dann – und in dieser Phase stecken wir jetzt – ist es für die Produzenten Zeit, verstärkt auf die innere Qualität dessen zu achten, was sie unter dem Namen „Edelbrand" auf ihren Listen führen.

Schnaps in der Küche

Zu den schönen Seiten des Schnapses darf auch die enge, sich ergänzende Beziehung zur guten Küche gezählt werden. Das volle Fruchtaroma erstklassiger Obstbrände eignet sich wie kaum eine andere Zutat zur geschmacklichen Bereicherung von Speisen. Dabei ist die kulinarische Forschung schon weit über die „Klassiker", wie Zwetschkenröster und Rumkugeln, hinausgegangen.

Gerade dort, wo es um den klaren und dichten Geschmack geht, wie etwa bei Saucen, verleihen Obstbrände eine finale Fülle und zusätzliche Lebendigkeit. So kann ein nach Laub und Waldboden duftender Trebern- oder Wacholderschnaps jede Sauce eines Wildgerichts vertiefen. Ebenso können Fischgerichte vom dosierten Einsatz eines passenden Fruchtaromas profitieren. Frische oder getrocknete Früchte, zubereitet mit dem entsprechenden oder einem ergänzenden Schnaps, passen vorzüglich auch zu hellen Fleischspeisen bzw. zu Innereien, wie Nieren, Leber oder Hirn.

Der Gaumen des Genießers geht aber vor allem im Bereich der Nachspeisen voll auf. Die konzentrierten Fruchtaromen von Obstbränden verleihen vielen Süßspeisen erst die letzte, raffinierte Finesse. Besonders eng ist die Beziehung des Schnapses zu Schokolade. Diese Kombination hat sich sowohl in der Dessertküche als auch in der Patisserie bewährt.

Ein traditionell enges Verhältnis hat der Schnaps zum Kaffee. Vom „Irish Coffee“ über „Kaffee-Kirsch“ bis zum „Corretto“ spannt sich dieser Bogen, der davon Zeugnis ablegt, daß Schnaps und Kaffee eine kulturhistorische Verbindung eingegangen sind.

Von der richtigen Temperatur

Selbst wenn sich in bezug auf die Trinkkultur auch bei den Schnäpsen im vergangenen Jahrzehnt wirklich viel zum Besseren gewendet hat, ist die Unsitte, Schnaps eiskalt zu servieren und zu trinken, noch immer weit verbreitet. Wobei der Begriff „Unsitte“ relativiert werden muß, gilt er doch nur dann, wenn gute, saubere Schnäpse solcherart zugerichtet werden. Denn tiefe Temperaturen unterdrücken gerade jene Eigenschaften eines Destillats, die einen guten Brand auszeichnen – also die Aromen und Aromakomponenten. Für schwache und / oder fehlerhafte Spirituosen hingegen ist die „kleschkalte“ Variation von unleugbarem Vorteil, unterdrückt die Kälte doch die gesamte Palette von Maische- und Brennfehlern ebenso wie die Absenz von Aromen.

Die ideale Trinktemperatur für klare Obstbrände liegt zwischen 15 und 18 Grad, jene für faßgelagerte Schnäpse zwischen 16 und 20 Grad. Sollte der Schnaps einmal zu warm sein, gibt es ein bewährtes Mittel dagegen: Man werfe in das Glas einen Eiswürfel oder Stücke eines Eiswürfels hinein, frappiere es, schütte die Eisstücke weg und gebe den Schnaps hinein. Frappieren heißt aber nicht vereisen, also keineswegs ein Glas ins Gefrierfach geben, dann hat man statt eines leicht gekühlten Schnapses lediglich einen G'spritzten im Glas, weil das Eis bekanntlich schmilzt. So kann man – wenn man will – Wodkas und andere aromalose und schlechte Schnäpse trinken, weil die Kälte alles zudeckt, aber keinesfalls Schnäpse, die gerade von der Verschiedenartigkeit ihrer Aromen leben.

Glaskultur

Oft genug werden gute und teure Edelbrände wahllos in ein gerade vorhandenes Stamperl eingeschenkt, aus dem man die Qualitäten des hochprozentigen Produktes nicht einmal erahnen kann.

Wieso hängt die Empfindung des Destillates im Mund sosehr von der Glasform ab? Zunächst sollte ein Schnaps von den Augen und der Nase wahrgenommen werden. Deshalb werden die unverzierten Gläser maximal zu einem Viertel bis zu einem Drittel gefüllt. Der Rest ist für den Duft reserviert, der ein relativ großes Volumen des Glases für seine Entwicklung beansprucht. Die idealen Gläser sind demnach Instrumente zur Hervorhebung des Bouquets.

Gegenüber dem hochsensiblen Riechorgan, das hunderte und teilweise sogar tausende Geruchsnuancen unterscheiden kann, ist die Zunge ärmlich, da sie nur vier Geschmacksrichtungen empfinden kann: süß, sauer, salzig und bitter. Die Wahrnehmung beim Trinken läuft ungefähr so ab: Auftreffen des Schnapses auf der Zunge, Entfaltung des Geschmacks und schließlich der Eindruck von Dauer und bleibender Erinnerung im Zuge des Abgangs. Die Glasform steuert dabei die Breite des Schnapsflusses in den Mund und bewirkt damit, daß der Brand seine jeweilige Typizität entfalten kann. In falschen Gläsern gehen die typischen Aromen und der spezifische Sortencharakter verloren.

Harmonie und Sortentypizität sind jene Eigenschaften, die beim Wein ebenso wie beim Edelbrand am stärksten geschätzt werden. Und um diese hervorzuheben, in ihrer Fülle und Vielfalt zu präsentieren, braucht es das richtige Glas. Nur dann kommt es zum idealen Wechsel- und Zusammenspiel von Form und Inhalt, von Glas und Schnaps. Erst durch das bewußte Trinken des Destillates aus einem funktionellen Glas, das dieses Bewußtsein überhaupt erst richtig ermöglicht, können sich dem interessierten Genießer viele sensorische Eindrücke, sowohl in der Nase als auch am Gaumen, offenbaren. Im falschen Gefäß würden viele subtile Details und Nuancen einfach nicht zur Geltung kommen. Und das wäre dem Produkt wie auch dem Produzenten gegenüber unfair.

Das optimale Glas für Edelbrände ist *tulpenförmig*. Am Boden nicht zu weit ausladend, denn eine große Oberfläche setzt zuviel Alkohol frei. Es sticht in der Nase, bevor man die feinen Aromen riecht. Darüber wird das Glas weiter, bauchig ausladend. Es entsteht eine „Duftkammer", die den flüchtigen Aromen Platz zum Entfalten gibt. Diese Aromen werden in der darauf folgenden Verjüngung des Glases komprimiert. Es gibt auch nach oben hin geschlossene Gläser, welche sehr komprimiert den Duft freigeben. Riecht man daran, ist es schwierig, die richtige Position zu finden. Ist man zu weit entfernt, so riecht man zu wenig; ist man zu nahe, sticht der Alkohol. Optimal wäre am oberen Glasrand eine Auslippung nach außen. Damit wird die Nase automatisch auf Distanz gehalten, und man kann sehr lange und diffizil schnuppern, um allen Aromen und Nebentönen auf die Spur zu kommen.

Am schlechtesten geeignet sind Gläser mit einem sogenannten *Duftkamin*. Dieser hat mit seinem Pendant nur den Namen, nicht jedoch die Eigenschaften gemeinsam. Er „zieht" nämlich nicht. Man riecht nur sehr verhalten bis gar nichts.

Der gute, alte, feudalistische *Cognacschwenker* hat ebenfalls bereits ausgedient. Die große Oberfläche erweist sich als Nachteil, weil zuviel Alkohol freigesetzt wird.

Die ideale Glasform für Obstbrände

Nicht zu vergessen: das *Stamperl.* Zum Kippen bestens geeignet. Hin und wieder soll es ja auch ganz nett sein, einen Schnaps ganz einfach zu schlucken. Ohne lange herumzuprobieren, einfach kippen.

Schnaps und Rauch: Eine Hochzeit der Aromen

Wie sich in perfekter Ergänzung Zigarren und Schnaps zueinander verhalten können, ist zunehmend Gegenstand von kulinarischen Gipfeltreffen. Nicht nur Gourmet- und Lifestyle-Magazine nehmen sich dieses Themas an, im deutschsprachigen Raum befinden sich mittlerweile sogar einige Spezialmagazine auf dem Markt.

Rauch und Schnaps – das ist der Beginn einer jungen Liebe. Man lernt einander kennen, man findet sich, man verbindet sich, man geht zusammen – und vielleicht nie wieder auseinander. Oder erst, „wenn der Tod euch scheidet". Aber so wie wir wissen, was den Raucher vom Nichtraucher, den Weinkenner vom Abstinenzler unterscheidet (letztere sterben gesünder, heißt es), wissen die Genießer auch, was sie vom vermeintlich Ungesunden haben: Neue, subtile, manchmal geradezu sensationelle Gaumenhighlights.

Da verbinden sich die süßlich-würzigen, erdigen Töne eines kräftigen Destillats harmonisch mit den verwandten Rauchnuancen der Zigarren, vertiefen sich die Aromen ebenholzschwarzer oder kaffeecremiger Tabake mit den konzentrierten Fruchtaromen und Gerbstoffen des Schnapses zu einer unvergeßlichen Hochzeit, zur Krönung eines schönen, langen Abends.

Schnäpse, die schon in Stilistik und Ausbau auf die Kombination von Rauch und Schnaps hergestellt wurden, sind deutlich im Aufwind. Geeignet sind im Regelfall solche, die im Faß ausbaubar sind und die vom Holz freigesetzten Gerbstoffe gut einbinden können. Also Apfel- und Zwetschkenschnäpse sowie Wein- und Tresterbrände. Zu Zigarren passen weniger die duftigen, vom Sortenaroma dominierten Fruchtschnäpse als die holzgelagerten und auch die voluminöseren Brände. Die süßlich-würzigen, kräftig-erdigen Töne passen hervorragend zu den verwandten Rauchnuancen der Zigarren, vertiefen und verlängern sich am Gaumen zu einem lang anhaltenden, genußreichen Abgang.

Exkurs: Der Rausch

Eine weitere schöne und anregend-sinnliche Facette des echten Edelbrandes ist die ihm innewohnende berauschende Wirkung. „Rauschende" Feste werden eher selten in abstinenten Kreisen gefeiert.

Im Schnaps verdichtet sich wie in kaum einem anderen Genußmittel die aromatische Kraft der Natur mit der vielfältigen handwerklichen Kunst des Menschen zu einer kräftigen, sinnlichen Harmonie. Wo Tropfen genügen, die Phantasie zu befreien, ja zu beflügeln, nimmt es nicht weiter wunder, daß hin und wieder zu tief ins Glas geschaut wird. Allerdings, und dies sei zu unser aller Beruhigung festgehalten: Der Rausch ist fast so alt wie die Menschheit – und infolgedessen auch ein nicht zu unterschätzender Beitrag zur Kulturgeschichte unseres Planeten.

Obwohl sich Rausch und Berauschung in vielfältiger Form durch die Menschheitsgeschichte ziehen, wollen wir diesem Zustand hier nicht das Wort reden. Pharisäerhaft allerdings wäre es, so zu tun, als ob dem Schnaps kein Alkohol innewohne, er somit ausschließlich Genußmittel sei, vielleicht gar nur Medizin. Da könnten wir dann Paracelsus zitieren, der seinem aus der Gärung gewonnenen Destillat den Namen „Alcohol“ gab und es als Heilmittel empfahl. Er sowie weitere Forscher aus den Anfängen der Destillierkunst verhalfen dem Branntwein im Mittelalter zum Ruf einer beachtlichen pharmazeutischen Innovation – ein Ruf, der durch den Aufstieg des Branntweins zum Massengetränk freilich ziemlich rasch ruiniert wurde.

Medizinisch gesehen, ist aber auch heute noch etwas dran. Das wußten auch schon die alten Bewohner alpiner Gebirgstäler, die die Heilwirkung des Schnapses priesen und vor vielen Jahren dichteten:

Wann i amal krank bin, krank bin, krank bin,
statt einer Medizin
stellt mir lai an Branntwein hin…

(Aus: Allweil an Rausch – Alpenländisches Trinklied)

Aber die Heilerfolge durch Alkohol stehen doch – bei nüchterner Betrachtung – deutlich im Schatten der Verheerungen durch übermäßigen Trinkkonsum. Die Trunksucht – so Kostis Papajorgis in seiner philosophischen Betrachtung über den Rausch – begleitet die Menschen, ergo auch ihre Gelehrten, seit dem Beginn schriftlicher Aufzeichnungen. War sie aber über Jahrtausende lediglich eine subjektive Erscheinung, so kam es im Mittelalter zu einem quantitativen Sprung. Historiker datieren den Beginn der Trunksucht als Massenerscheinung ins 16. bzw. 17. Jahrhundert.

Oscar A. Mendelsohn und Ferdinand Engel nennen in ihrer Betrachtung „Vom verständnisvollen Trinken“ das 16. Jahrhundert jenes der Trunksucht, „denn die Mengen, die man damals so selbstverständlich täglich trank, ob in Form von Bier, Wein oder Branntwein, überstiegen die Gewohnheiten der Vorzeit und schon gar die der Jetztzeit“. Zu jeder sich bietenden Gelegenheit, ob offiziell oder privat, wurden Mindestmaße an Alkohol gereicht, die aus heutiger Sicht nachgerade katastrophal genannt werden müssen.

Daraus resultierte eine Epoche der Verbote. Einschränkungen und Erlässe waren sowohl aus volksgesundheitlicher als auch volkswirtschaftlicher Sicht notwendig. Der

Zur Zigarre passen alte, faßgereifte Brände

politische Eingriff bezüglich der Branntweinerzeugung war freilich ein zwiespältiger: Einerseits war das Wissen um die verwendeten Stoffe noch keineswegs (behördliches) Allgemeingut, so daß sich die Erzeuger von Branntwein nur verpflichten mußten, „keine gesundheitsschädlichen Stoffe" zu verwenden. Was aber letztlich tatsächlich an toxischen und anderen gefährlichen Gemischen im Branntwein enthalten war, blieb noch lange im Dunkeln.

Zur Verbreitung des Branntweins haben auch die langen Kriege in jenem Zeitabschnitt beigetragen, in denen es üblich war, daß die Soldaten und Söldner durch Marketenderinnen im Übermaß mit Schnaps versorgt wurden. Seit damals datiert auch der Beginn der gewerblichen und industriellen Herstellung alkoholischer Getränke. Roman Sandgruber, Wirtschaftshistoriker an der Universität Linz, bezeichnet die Ursachen des Massenkonsums von Alkohol als „Phänomen der Beschleunigung: eine Berauschung war innerhalb weniger Minuten möglich".

Die Branntweinerzeugung, so Sandgruber, „erfuhr durch die Industrialisierung eine radikale Umgestaltung, seit der Kreis der Rohstoffe über die diversen Wurzeln und Sammelfrüchte, über Wein und Obstmost auch auf Getreide, vor allem aber ab etwa 1825 auf Kartoffeln und später noch Mais und Zuckerrübenmelasse erweitert wurde". Die Brennereien, die zu Beginn des 19. Jahrhunderts noch durchgehend als Kleinbetriebe geführt wurden, entwickelten sich auf dieser (Rohstoff-)Basis erst zu den großen Fabriken und weiter zu den internationalen Konzernen, wie wir sie heute kennen.

Wohl hatte man damals schon den Unterschied zwischen einem echten Branntwein und einem industriell gefertigten Weingeist erkannt und sich gegen die Konsumfähigmachung des Industriesprits gestemmt, aber die Kartoffel bzw. der Kartoffelschnaps hat in vielerlei Hinsicht den Sieg davongetragen. „Er mag im edlen Sinne für die Menschheit kein Glück gewesen sein, dieser Kartoffelschnaps, der mitunter ein stiller, aber dafür wirksamer Diktator des Volkes war und Wirtschaftssysteme in gewissen Grenzen beeinflußte, doch er brachte Geschäft und Geld, war also eine Macht", resümieren Mendelsohn und Engel.

Der Pro-Kopf-Verbrauch an harten Getränken erreichte um die Mitte des 19. Jahrhunderts schwindelerregende Höhen. Historiker kennen den Begriff der „Branntweinpest", der sich inhaltlich im damaligen Österreich-Ungarn in einem durchschnittlichen Branntweinkonsum von 10 Litern pro Jahr und Person niederschlug. Im Vergleich dazu betrug dieser Wert in den achtziger Jahren unseres soeben zu Ende gehenden Jahrhunderts nur noch 1,5 Liter.

Branntwein wurde zu Zeiten der Monarchie in manchen Gegenden gleichsam als Lohnbestandteil an den Mann gebracht. Im – wie sich die Polizei damals ausdrückte – „trunksüchtigen oberen Inntal" wurde beispielsweise den Dienstboten und Tagelöhnern eine „Branntweinsuppe" serviert, ein Gemisch aus Zuckerwasser und Schnaps, in das man Brot brockte und dann auslöffelte: „Das gibt Kraft und macht warm, zum Frühstück, zur Vormeß, zur Marend." Auch von Kärntner Bergarbeitern ist bekannt, daß sie zur besseren Bewältigung ihrer schweren Arbeit nebst einem Stück Brot mit Branntwein versorgt wurden, damit sie ihre 12– bis 18–Stunden-Tage durchstanden.

Diese Trink- oder, besser gesagt: Saufgewohnheiten zogen klarerweise erhebliche soziale Probleme nach sich. „Der Branntwein", heißt es in einer zeitgenössischen Betrachtung, „ist ein wichtiger Factor überall, wo man es darauf anlegt, Bettler zu erzeugen, und der wichtigste, damit sie es auch bleiben." Roman Sandgruber faßt die damalige widersprüchliche Entwicklung so zusammmen: „Auf der einen Seite Verelendung durch Kommerzialisierung, auf der anderen Seite Geschäftsinteresse der Branntweinerzeuger." Diese Widersprüchlichkeit war auch der Kärntner Landwirtschaftsgesellschaft bewußt, die in einer ihrer Festschriften titelte: „Ein Fluch dem Branntwein, aber ein Hoch seinen Erzeugern!"

Heute ist alles besser – oder nicht? Zwar wird weniger Schnaps getrunken als bis vor kurzem Branntwein, aber die Produktion steigt und steigt. Durch Internationalisierung und Globalisierung erreichen die Spirituosenhersteller mit ihren Produkten nicht nur lokale Märkte, sondern die letzten Winkel der Welt. Und der Anteil der echten Schnäpse, also reiner Fruchtdestillate, ist im Verhältnis zu den Industriespirituosen keineswegs gestiegen. Nach einer Statistik der Wirtschaftskammer Österreichs lag der Anteil echter Schnäpse aus gewerblicher Produktion im Jahr 1993 bei nur 1,3 Prozent, der große Rest entfiel (und entfällt) auf industriell hergestellte Spirituosen.

„Der ernsthafte und verständige Trinker, wo immer auf der Welt er sein Vaterland hat, wird alles, was aus der synthetischen Herstellung kommt und keine „edlen" Eltern hat, ablehnen. Der Reichtum der Welt an Ausgangsprodukten macht andere Herstellungen überflüssig und würde auch den Alkoholgegnern aller Schattierungen viel Wind aus den Segeln nehmen. Zur Zeit ist dieser Verbesserungszug in aller Welt deutlich spürbar."

Diese Feststellung trafen die Herren Mendelsohn und Engel anno 1951. Was soll dem hinzugefügt werden, außer daß manche Züge sehr langsam fahren bzw. nur einen eingeschränkten Kreis von Kennern erreichen? Letztere aber wissen, daß alle bekömmlichen Flüssigkeiten reine Naturprodukte sind, die sich an der Schnittstelle von Genuß-, Nahrungs- und Heilmitteln befinden. Ob Alkohol wohltut oder nicht, ob er der Beschwingung oder der Betäubung dient, hängt nur davon ab, woraus er gewonnen und in welchen Mengen er getrunken wird. Und wer möchte der Erkenntnis widersprechen, daß ein schöner Rausch auch Medizin ist – zum Beispiel für die Seele?

Inhalt und Form

Wer je in einer Glashütte war, weiß, welcher Finger- und Mundfertigkeit es bedarf, all die schönen Produkte herzustellen, die nicht nur unser Auge, sondern ebenso unseren Gaumen erfreuen. Die handwerkliche Kunst der Glasbläser ist nicht hoch genug zu bewerten. Wenn dennoch ein paar kritische Bemerkungen zu all den schönen Designerflaschen fallen, sind diese eben nicht gegen die hochgeschätzten Glasbläser gerichtet.

Vielmehr geht es um das Geschäft, das (auch) in unserer Branche in den letzten Jahren so manche schräge Verformung trieb. Für den qualitätsorientierten Schnapsbrenner kann (sollte) es eigentlich nur darum gehen, sein Produkt mit ehrlicher Überzeugung zu verpacken und zu präsentieren.

Es geht um die Produktwahrheit. Daß dazu Form und Inhalt übereinstimmen müssen, versteht sich von selbst. Eine Erfahrung, die viele Produzenten von hochwertigen Lebens- und Genußmitteln machen mußten, ist: Der Konsument läßt sich auf Dauer nicht täuschen.

Selbstverständlich ist für viele Konsumenten eine ästhetische Verpackung auch mit ein Grund, sich einen Schnaps zu kaufen. Liebhaber und Kenner edler Brände aber kommen sehr bald dahinter, daß so manche Form einen Inhalt signalisiert, der die hervorgerufenen Erwartungen nicht erfüllt. Viel einfacher, so sagt die Erfahrung, ist es, neue Kunden durch schöne Präsentation zu gewinnen, als einmal entstandenes Mißtrauen, durch Enttäuschung hervorgerufene Skepsis wieder abzubauen. Außer man arbeitet frei nach dem Motto: Ist der Ruf erst ruiniert, lebt es sich ganz ungeniertÖ

Schnapsproduzenten, denen hingegen ihr Ruf wichtig ist, sind gut beraten, wenn sie nicht nur auf die inhaltliche Qualität achten, sondern ihre Produkte auch so präsentieren, daß sich die Form mit dem Inhalt in Übereinstimmung befindet.

Dazu scheint auch eine grundsätzliche Überlegung, für welche Zielgruppen der Schnaps produziert und präsentiert werden soll, von Vorteil zu sein. Diese sind (in aufsteigender Reihenfolge):

1.) Souvenirsammler und Boutiquenkäufer

In den Bereichen Tourismus und Merchandising tritt inhaltliche Qualität weitgehend in den Hintergrund. Andenkensammler und Fanartikelkäufer lassen sich von der Form sicher mehr beeinflussen als vom Inhalt. Ob das ein schnapsgefüllter Fußball oder eine barbusige Barbie, ein Plastikbaum oder eine stilisierte Wallfahrtskirche sind – auf den Inhalt kommt es dabei nicht an. Kein Wunder, daß in diesem Bereich zumeist der billigste Alkohol zum Einsatz kommt.

2.) Trinker und Alkoholiker

Fälle für Produzenten von industrieller Massenware. Hier bestimmen vor allem der günstige Preis oder das Verhältnis von Alkoholgehalt, Inhalt und Preis (Vol. % mal

Verschiedene Flaschenformen unterstreichen die Eigenständigkeit der Edelbrände und ihrer Erzeuger

Menge durch Preis) den Absatz. Ergo kommen in diesem Bereich aromatisierte Alkoholika in die – entsprechend kostengünstigen – Flaschen und Gebinde.

3.) Durchschnittliche Genießer, Modetrinker

Eine zum Teil sehr kaufkräftige Gruppe, die auf den Preis weniger, auf die ausgefallene Form dafür mehr Wert legt. Die wohl ideale Zielgruppe für Designspielereien und große Werbebudgets. Auffallende bis ausgefallene Ästhetik, Marken und Namen zählen hier mehr als der Inhalt.

4.) Kenner, Genießer, Liebhaber

Eine nach wie vor kleine, aber ständig wachsende und für Qualitätsschnapsbrenner *die* wirklich interessante Zielgruppe. Bedenkt man freilich die engen Beziehungen zwischen Angebot und Nachfrage, so ergibt sich eine durchaus angemessene Relation. Immerhin sind nur 3–4% der konsumierten Spirituosen aus Obst, davon werden wiederum nur 3–4% als 100-% reines Destillat hergestellt.

Die wachsende Zahl der Connaisseurs hält mittel- und langfristig die Nachfrage aufrecht – allerdings mit einem angemessen kritischen Gespür für die inhaltlichen Werte eines Destillats. Diese Gruppe ist auch bereit, hohe Preise zu bezahlen, wenn Inhalt und Form, insbesondere aber der Inhalt, übereinstimmen.

Zusammenfassend darf zu diesem Thema gesagt werden, daß guter Schnaps wohl niemals billig sein kann, daß aber auf jeden Fall die Produkt- und Kostenwahrheit gegeben sein muß. Denn eher früher als später fällt die gegenteilige Spekulation auf den Produzenten selbst zurück.

DIE KUNST DER VERKOSTUNG

Schnaps ist ein Produkt, das lebt und sich in einem ständigen Prozeß des Wachstums, der Veränderung befindet. Obst einzumaischen und daraus ein Destillat zu erzielen, sind erst die „jungfräuliche Schwangerschaft“ und der notwendige Geburtsvorgang. Selbstverständlich kann ein junger Schnaps seine Schönheiten haben. Jugendlich frischer, leichtfüßiger Weißwein hat ebenfalls – im richtigen Umfeld getrunken, im Schatten des Sommers beispielsweise – seine Vorzüge. Die Winzer und der Weinhandel sind aber den Schnapsbrennern und deren Kunden um Jahre voraus. Junge Weine werden zumeist früh und leichtgradig gelesen und sind nach einem, im günstigsten Fall zwei Jahren eher entschlummert. Den Spätlesen und Auslesen hingegen wird Zeit zum Wachstum eingeräumt, und wenn sie dann nach ein, zwei Jahren auf die Flasche kommen, dürfen sie auch noch reifen. Oft jahre- und jahrzehntelang. Die Winzer und vor allem die Weinliebhaber wissen, warum.

Schnäpse wie Weine sind, so es sich um höher- und hochwertige Kreszenzen handelt, jung zwar ohne Folgeschäden zu trinken – nur kommen die Sinne um ihr Vergnügen. Schnaps wie Wein muß reifen, zusammenwachsen, einen Körper entwickeln, einen Charakter ausbilden, Individualität gewinnen. Dann erst zeigen sie ihre wahre Kraft und Schönheit.

Gibt es Unterschiede?

Was zeichnet Schnäpse eigentlich aus? Was unterscheidet den einen vom anderen? Gibt es große, außergewöhnliche Schnäpse? Gibt es Abstufungen, inhaltliche Charakteristika, die einen guten von einem durchschnittlichen und diesen wieder von einem minderwertigen Brand unterscheiden? Kann ein Schnaps (ein Edelbrand notabene) über Eigenschaften verfügen, wie Dichte, Körper, Komplexität, Typizität, Unverwechselbarkeit, Individualität? Stehen rein technische Begriffe, wie Sauberkeit und chemische Reinheit, im Vordergrund? Oder dürfen Schnäpse sogar fehlerhaft sein und dennoch das Etikett „Edelbrand“ tragen?

Fragen, die sich aus der Menge und Vielfalt derzeit produzierter Schnäpse zwangsläufig ergeben. Dabei muß man sich aber vor Augen halten, daß hier lediglich von einem sehr kleinen Anteil an den heute am Markt angebotenen Destillaten die Rede ist. Noch immer macht der Anteil von echten Schnäpsen, von 100-Prozent-Destillaten, lediglich 3–4% am Gesamtspirituosenmarkt aus. Was nichts daran ändert, daß viele echte Schnäpse mit schweren Formtiefs zu kämpfen haben, sprich: innere Werte aufweisen, die von starken Deformationen bis zu kränkelnder Brustschwäche reichen.

Einige grundlegende Merkmale lassen sich sensorisch unterscheiden, also über Geruchs- und Geschmackssinn feststellen; sie helfen so bei der Zuordnung in eine bestimmte Grundkategorie.

Die vier Grundkategorien

KATEGORIE **A:** *Große, außergewöhnliche Schnäpse*

Eigenschaften: Große Schnäpse können maskulin (stark, kräftig) ebensogut sein wie feminin (elegant, duftig); jedenfalls sollen und dürfen sie elementare Assoziationen wachrufen – nach Wärme und Feuer, nach ozeanischer Tiefe und gletscherhafter Klarheit, nach würziger Bergluft und erdiger Verbundenheit. Vielschichtig sollten sie sein, dabei aber dicht und harmonisch.

Der Körper kann Merkmale haben, wie athletisch, muskulös, kraftvoll, unverwechselbar, individuell; oder elegant sein, feingliedrig, feminin, schlank, duftig, blumig, mit einem Bukett von Frische, angereichert mit exotischen Aromen.

Manche Schnäpse bringen es bis zum Auslesecharakter. Es zeigt sich die feine, reife Süße, die typische Frucht, verwoben mit all den anderen Aromen, die im Zuge der Vergärung und Destillation neu entstehen. Honig und Schokolade, Zimt- und Vanilledüfte können sich bemerkbar machen; der Schnaps kann Erinnerungen wachrufen an Blüten und Früchte, an Sommer und Herbst, an Wiesen und Wälder, an Rauch und Holz, an Lust und Laune.

Aber erst der Abgang gibt die letzte Sicherheit. Kommt der Gedanke auf: „Den merk' ich mir", dann haben die Signale ans limbische System, den Sitz der Emotionen im Großhirn, fruchtbaren Boden getroffen. Ein langer, tiefer Abgang beeinflußt Stimmungen, weckt Erinnerungen, läßt Lustgefühle entstehen und den schönsten Assoziationen ihren Lauf.

KATEGORIE **B:** *Gute, saubere Schnäpse*

Gute Schnäpse ergeben sich bei Beachtung der notwendigen Grundvoraussetzungen: Sauberes, reifes Obst, fehlerfreie Maischeführung und moderne Brenntechnik. Sie sind technisch sauber, leiden aber hin und wieder an der fehlenden eigenen Handschrift. Harmoniestörungen zwischen Nase und Gaumen können ebenso zutage treten wie kurze, flüchtige Komponenten.

Der Körper ist klar und glatt, zeugt von solider Arbeit und ist praktisch jederzeit reproduzierbar. Manche Schnäpse wirken wie „Barbie und Ken", sie sind dünn, filigran, flüchtig, aber sauber und geschniegelt.

Im Abgang glatt, vorübergehend und ohne Tiefe, hinterlassen sie keine bzw. kaum nachhaltige Erinnerungen.

KATEGORIE **C:** ***Bescheidene, durchschnittliche Schnäpse***

Diese Kategorie kennzeichnet Schnäpse, die dezent, verhalten, aromaschwach, untypisch, undefinierbar, beliebig, technisch, unharmonisch und/oder unreif sind. Nase und Gaumen registrieren Merkmale, die mit dumpf, wäßrig, abgestanden umschrieben werden können.

Der Abgang ist kurz, hinterläßt kaum Spuren, der Schnaps fällt (am besten) dem Vergessen anheim.

KATEGORIE **D:** ***Fehlerhafte Schnäpse***

Eigenschaften, wie übler Geruch, faulige, brackige Düfte, Essigstich oder andere Fehler, kennzeichnen Schnäpse dieser Kategorie. Merkmale, wie seifig, tranig, modrig, muffig (Kellergeruch), schimmlig, schal usw., vergällen den Konsum. Eigentlich gehören sie entsorgt.

Die Ursachen für solche gravierende Schnapsfehler finden sich in allen Stufen der Erzeugung. Verdorbenes Obst und damit verbundene Fehlgärungen, fehlerhafte Gärführung, unzureichende Destillieranlagen, schlechte Vor- und Nachlaufabtrennung, falsche Sparsamkeit (Geiz bzw. Gewinnsucht) erhöhen zwar die Ausbeute, zerstören aber die Qualität.

Den Aromen auf der Spur

Unabhängig vom Erkennen, gilt es für den Schnapsliebhaber grundsätzlich, den jeweils fruchttypischen Aromen nachzuforschen. Freilich sollte Himbeere so riechen, als würde man seine Nase in einen Korb vollreifer Früchte stecken, selbstverständlich sollte ein Marillenschnaps saftig und süß schmecken und ein Williamsbrand so fruchtig und typisch, als würde man reifes Obst vom Baum genießen. Gleichzeitig sollten sie ihre Lebendigkeit, im Idealfall ihre Fruchtsäuren und somit die harmonische Eleganz, behalten. Aber daneben bilden sich vor allem im Prozeß der Vergärung weitere Aromakomponenten aus, die derartige Schnäpse vielschichtiger und reicher machen (können). Neue und unterschiedliche Aromen finden sich in den Destillaten und ergeben in Summe eine eigene Charakteristik.

Der Großteil aller hergestellten Spirituosen hat mit einem Brand, der in allen seinen Teilen aus Fruchtmaische gewonnen wird, aber schon gar nichts zu tun. Und was das Gesetz erlaubt, wird getan: Es wird gezuckert und aromatisiert.

Das weiteste und ergiebigste Feld findet sich seit intensiver Forschungen der großen Chemiekonzerne auf dem Gebiet der Aromen. Ausgehend von den *natürlichen Aromen,* welche durch Destillation oder Auszüge aus natürlichen Rohstoffen hergestellt werden, sind die sogenannten *naturidenten* Aromen, die im Labor auf synthetischem Weg den natürlichen Vorbildern nachgebaut werden, immer stärker im Vormarsch. Der Begriff *„naturident"* ist dabei noch insofern irreführend, als er vorgaukelt, was nicht ist: Von Natur kann keine Rede sein. Es handelt sich lediglich um eine synthetische Kopie. Übrigens dürfen gemäß EU-Recht „naturidente Aromen" auch schon als natürliche bezeichnet werden...

Künstliche Aromen sind Substanzen, die es zwar in der Natur nicht gibt, aber synthetisch hergestellt werden können. Sie erzeugen gewisse Geschmacks- oder Geruchserinnerungen, obwohl sie chemisch mit dem natürlichen Aroma nicht verwandt sind.

Ebenfalls zur Anwendung kommen sogenannte Aromapotentiatoren – Substanzen, die selbst kein Aroma abgeben, aber in der Lage sind, einen Aromaeindruck zu verstärken. Im einfachsten Fall ist dies Zucker, aber auch verschiedene Säuren (Fruchtsäuren, Essigsäure); auch künstliche Substanzen, die einem Schnaps zugesetzt werden, können ein ursprünglich nur schwach vorhandenes Aroma stärker zur Geltung bringen.

Das Feld der synthetischen Aromen ist mittlerweile so groß – und wird immer größer –, daß es praktisch unüberschaubar ist. Allein vom Typ „Erdbeere" bietet ein Hersteller schon über 300 Varianten an. Es liegt auf der Hand, daß mit solchen Zusätzen der typische Fruchteindruck einigermaßen vermittelt werden kann.

Bei der Williamsbirne gibt es beispielsweise eine Substanz (tr-2, cis-4-Decadiensäureäthylester), die relativ leicht nachzubauen ist und von der schon ein Tropfen genügt, um das typische Aroma zu vermitteln. Sehr ergiebig und schwer nachzuweisen. Denn Substanzen tragen keine „Mascherln". Wenn sie dieselben Strukturen aufweisen, sind sie von natürlichen Aromen nicht auseinanderzuhalten. Hier muß man auf andere Art fündig werden. Es erfordert das Überprüfen vieler Parameter, die insgesamt zusammenpassen müssen, damit man von einem Produkt feststellen kann, ob es echt ist oder nicht.

Deshalb plädieren viele Experten für eine verbindliche Deklarationspflicht: Diese muß gewährleistet sein, weil man mit Aromastoffen Mängel beheben, Fehler verdecken, Geruch und Geschmack verändern kann. Der Konsument sollte aber wissen oder sich informieren können, was alles in einem Produkt enthalten ist.

Andererseits gibt es echte, natürliche Schnäpse, deren Aroma deutlicher ist als jedes synthetische. So wie der gute Schnaps keinen Zuckerrest braucht, so erübrigt sich auch die Zugabe von Aromastoffen.

Ob mit oder ohne Aromazusätze gearbeitet wird, ist für den Produzenten letztlich Charaktersache, für den Konsumenten eine Frage des Vertrauens.

Praktische Tips

Zur Verkostung von Schnäpsen und zur Unterscheidung von guten und weniger guten Destillaten sollten einige Schritte Beachtung finden:

Das Glas (siehe Seite 95): Es sollte so beschaffen sein, daß es die verschiedenen Substanzen optimal – und ausgewogen – zur Entfaltung bringt.

Schnaps sollte gelüftet werden. Der erste Eindruck gleich nach dem Einschenken kann – im negativen wie im positiven Sinn – täuschen. Besonders junge Schnäpse sowie frisch angebrochene Flaschen brauchen Luft.

Schnäpse, sofern sie nicht im Faß ausgebaut wurden, müssen blitzsauber und farblos sein. Trübungen des Destillats weisen auf Fehlerhaftigkeit oder Zusätze hin.

Anders als beim Wein, sollte der Schwenk-Reflex unterdrückt werden. Dadurch steigen in erster Linie alkoholische Komponenten auf, die in der Nase stechend wirken und die wahren Eigenschaften des Schnapses überdecken. Sollte der Schnaps dennoch aggressiv wirken, dann ist er zu dünn, der Alkohol zu dominant und/oder ungenügend eingebunden. Die Nase registriert sowohl die Fehler (Vorlauf in erster Linie, aber auch Essigstiche, schale oder metallische Noten sowie dumpf-muffige Töne des Nachlaufs) als auch die Aromen. Gute Schnäpse duften reintönig und erkennbar nach der Frucht, aus der sie gebrannt wurden.

Beim Kosten erweist sich erst die wahre Qualität eines Schnapses. Die Übereinstimmung mit den Dufteindrücken ist hierbei ebenso wichtig wie die zusätzlichen Geschmacksfaktoren. Genuß entsteht in der optimalen Harmonie, in der Übereinstimmung sämtlicher organoleptischer Faktoren, zu denen auch die – kurzen oder langen – Eindrücke beim Abgang zählen.

Ausgetrunkene Schnapsgläser liefern wertvolle Erkenntnisse: Bleiben sie über Nacht stehen und riechen anderntags noch immer nach den Aromen der Frucht, dann hatte dieser Schnaps das, was ein Edelbrand haben sollte: Körper, Fülle und Harmonie – und die Absenz von Fehlern aller Art.

Sensorik

verwendet der Mensch als einzigartiges Meßinstrument. Mit Hilfe seiner Sinne „mißt" er die Eigenschaften verschiedener Dinge. Nachdem nun ein einzelner Mensch auch irren kann, werden mehrere befragt, um Einzelfehler auszumerzen. Dies hat ein besser abgesichertes Gesamturteil zur Folge.

Vergleichende Degustation

Es erfreut sich immer größerer Beliebtheit, Vergleichsverkostungen durchzuführen – Rankings, wo Sieger gekürt, Stockerlplätze und Medaillen vergeben werden. Auf die Probleme manipulierter Proben, welche entweder einen fremden Inhalt oder nur eine spezielle Fraktion aus der Gesamtproduktion enthalten, wird bewußt nicht näher eingegangen.

Alois Gölles in seinem Schnapskeller

Jede Verkostung, jeder Vergleich kann nur eine *Momentaufnahme* sein. Der Schnaps durchlebt Höhen und Tiefen. Es gibt Entwicklungsphasen, in denen er sich schöner präsentiert, aber auch solche, wo er verhalten wirkt. Auch das Schütteln auf langen Transportwegen, das rasche Kühlen oder Anwärmen bringt Unruhe in das organische Gefüge. So kann es vorkommen, eine Bewertung gerade in einem Formtief oder in absoluter Hochstimmung durchzuführen; jedesmal wird es für den gleichen Schnaps verschiedene Punktezahlen geben.

Ein weiteres Problem stellt die *Reihenfolge* innerhalb der gereichten Proben dar. Eher positiv und daher zu hoch werden Schnäpse bewertet, wenn ein mittelmäßiger einer Serie schwacher folgte, es bereits dem Ende zugeht und noch keine wirklich hohen Punkte vergeben wurden, wenn einige Kollegen sich – verbal oder nonverbal – wohlwollend äußern,... Zu tief liegt die Bewertung, meist bei den ersten Proben einer Serie, wenn ein Spitzenschnaps einem fehlerhaften folgt, wenn die Kommission müde wird,... Dies sind allgemein bekannte Gesetzmäßigkeiten bzw. statistische Zufälle, denen alle Teilnehmer unterliegen.

Objektivitätskriterien

Insbesondere sollten folgende Kriterien eingehalten werden:

- Es darf nicht gesprochen werden.
- Der Verkostungsleiter darf in keiner Weise auf die Verkoster einwirken (sonst könnte er gleich allein verkosten).
- Vergleichende und ermahnende Ansagen des Verkostungsleiters sind unbedingt zu vermeiden, weil sie sofort zu einer Verunsicherung und damit zu einer schlechteren Diskriminierfähigkeit führen.
- Kein Blickkontakt zwischen den Verkostern.
- Keine Beeinflussung durch störende Nebengerüche.
- Keine Speisen (auch kein Brot) zwischen den einzelnen Proben einer Reihe, danach wäre das Geschmacksempfinden anders als zuvor.
- Nur klares Wasser ohne Kohlensäure zur Neutralisation des Gaumens.
- Die Reihung der Proben sollte nach der Analyse erfolgen. Proben mit Zuckerrest unbedingt von trockenen getrennt verkosten, Proben nach Alkoholgehalt aufsteigend sortiert.

Ob das Verkosterpanel geschult sein soll oder nicht, hängt vom Ziel der Verkostung ab. Große Konzerne machen vor der Neueinführung eines Produktes einen Markttest, bei dem die Zielgruppe (z.B. Schulkinder testen, welche Geschmacksrichtung das neue Bonbon bekommen soll) in möglichst guter statistischer Streuung erfaßt wird. Die Aussagen sind von geringerer fachlicher Relevanz, können aber gewisse Tendenzen erkennen lassen.

Ist das Ziel eine fachliche Aussage, Prüfung auf Reintönigkeit, Intensität und Aromennuancen,... so wird man mit geschulten Verkostern arbeiten. Der *perfekte Verkoster* beherrscht beide Grundvoraussetzungen der Sensorik:

Reproduzierbarkeit und Diskriminierfähigkeit

Es nützt nichts, wenn ein Verkoster bei allen Proben zwischen 16 und 17,5 Punkten vergibt. Natürlich wird er sich rühmen, alle Doppelnennungen sehr ähnlich bewertet zu haben; viel schlimmer zählt jedoch das Vergehen, die Spreu nicht vom Weizen unterschieden zu haben.

Schlägt ein anderer wild um sich und teilt von 8–20 Punkten sowohl nach oben als auch nach unten ordentlich aus, vergibt aber bei Kontrollproben deutlich unterschiedliche Punkte, so leidet die Reproduzierbarkeit der Werte.

Der perfekte Verkoster reizt die Punkteskala aus, im Extremfall auch von 8–20 Punkten, bewertet aber auch bei Kontrollen immer ähnlich. Das heißt, der schlechte Schnaps ist immer unten und der gute immer oben. Dazu bedarf es umfangreicher Fachkenntnis und auch sensorischer Routine.

Der gute Verkoster muß nicht immer konform mit dem Gruppendurchschnitt bewerten. Er kann der Gruppe durchaus überlegen sein, weil bereits einzelne falsche Urteile das kumulierte Ergebnis der Gruppe nivellieren.

Besonders schwierig ist es, eine homogene Verkostergruppe zu finden – eine Gruppe, in der alle Verkoster die obengenannten Eigenschaften mitbringen und noch dazu die gleichen Schnäpse gut bzw. schlecht bewerten.

Punkteschema

Einfache Rangordnungsprüfungen, Unterscheidungs- oder Bevorzugungstests, bei denen nur einige Gläser nebeneinander stehen, sind noch einigermaßen leicht zu bewältigen. Schwieriger wird die Aufgabe, ohne Vergleich viele Proben hintereinander qualitativ zu bewerten.

Dabei ist es eigentlich egal, welches Punkteschema verwendet wird. Viele Bewerter neigen zu einer hohen Punkteanzahl. Wenn man die Ergebnisse analysiert, stellt man fest: Je größer die Skala, um so kleiner der Bereich, der wirklich genutzt wird.

Gibt es bei einer 5-Punkte-Skala noch Bewertungen von 1–5, so reduziert sich das bei einem 20-Punkte-Schema schon auf 14–19 Punkte und bei 100 möglichen Punkten gar auf 70–95.

Das heißt: Je weniger mögliche Punkte, um so besser die Diskriminierfähigkeit.

Theorie und Praxis

Soweit die Theorie. In der Praxis hat sich herausgestellt, daß verschiedene Verfahren der Sensorik in ihrer Aussagekraft für den Konsumenten sehr beschränkt bleiben.

Ferner hat sich in der Praxis herausgestellt, daß die Ergebnisse nur sehr begrenzt reproduzierbar sind. Vergleichen wir das mit einem Meßinstrument: Bringt dieses für ein und dieselbe Meßgröße unterschiedliche Werte, so ist es ungeeignet. Ergo dessen müßten auch die meisten Verkostungskommissionen für ungeeignet erklärt werden.

Wenn schon Verkostung, dann sollte doch gleich nur einem oder einigen wenigen, von denen man weiß, was ihnen schmeckt und wie sie sensorisch vorgehen, die Verkostung überlassen werden. Nach dem Motto: Weniger ist mehr. Je mehr Leute nämlich in einer Verkostungskommission sitzen, desto geringer ist die Diskriminierfähigkeit.

Als einzigartiges Beispiel nenne ich den weltweit angesehenen Weinjournalisten Robert Parker, der in der Szene mit seinen persönlichen Bewertungen wesentlich mehr Aufsehen erregt als alle anderen Verkostungen zusammen.

Die Basis des Erfolges: Er beschäftigte sich über viele Jahre intensiv mit dem Thema (Wein) und erwarb sich dadurch eine hohe fachliche Qualifikation. In leichtlebiger amerikanischer Manier brachte er ein ungeheures Selbstbewußtsein, somit eine außergewöhnliche Diskriminierfähigkeit mit sich. Mit harter und konsequenter Arbeit auch eine hohe Reproduzierbarkeit.

Er steht bei seinen Beurteilungen dahinter, mit allen Konsequenzen. Insbesondere mit der vollen Verantwortung. In der Schnapsszene hat man oft den Eindruck, daß man schon noch gerne Hitlisten und Sieger publiziert. Nachdem man aber selbst nicht in der Lage ist, ein Urteil zu fällen, oder sich ganz einfach nicht getraut, versteckt man sich lieber hinter einer – ach so objektiven – Kommission.

Was die Schnapsszene wirklich braucht, ist nicht die Einberufung weiterer Kommissionen, sondern einen (oder einige) Parkers in Sachen Schnaps.

RECHTSVORSCHRIFTEN SPIRITUOSEN

Es gibt eine Vielzahl nationaler Regelungen, welche kaum unter einen Hut zu bringen sind. Naturgemäß hat ein Whiskyerzeuger andere Interessen als ein Obstbrenner, ein international arbeitender Spirituosenkonzern andere Ziele als ein bäuerlicher Abfindungsbrenner. Für alle Interessengruppen einen gesetzlichen Rahmen zu finden, der allen Genüge tut, scheint schlichtweg unmöglich.

Daß dies nur der kleinste gemeinsame Nenner sein kann, liegt auf der Hand. Liest man die Verordnung der EU, so ist es sogar schwierig, diesen kleinsten gemeinsamen Nenner zu finden. Vielmehr übt man sich in der Quadratur des Kreises: „Es ist verboten,... falls nicht an anderer Stelle explizit erlaubt..." (oder umgekehrt) dominieren den Gesetzestext.

Dennoch ist es EU-Recht und als solches verbindlich für den innergemeinschaftlichen Verkehr. Entspricht ein Produkt sowohl den nationalen als auch den EU-Richtlinien, darf es in jedem anderen Mitgliedsland verkauft werden, auch wenn es die Bestimmungen dieses Landes nicht erfüllt.

So darf z.B. italienische Grappa mit 20 g/l Zuckerrest auch in Deutschland oder Österreich verkauft werden, obwohl die nationalen Gesetze einen niedrigeren bzw. keinen Zuckerrest erlauben.

Die gesamte EU-Verordnung, mit allen Ergänzungen, würde den Rahmen dieses Buches sprengen. Wir beschränken uns auf die für den Obstbrenner wichtigsten Passagen.

Amtsblatt der EU

Der Originaltext der Verordnung wird auszugsweise wiedergegeben.

Hinweis:

Am 19. Juni 2007 wurde im Europäischen Parlament mit großer Mehrheit die neue EG-Spirituosenverordnung verabschiedet.
Da der Text dieser Verordnung aber zum Zeitpunkt der Herausgabe des Buches noch nicht veröffentlicht wurde, wird darauf hingewiesen, daß es kleine Änderungen bezüglich Bezeichnung (Jagertee, Hüttentee usw.) und Etikettierung (Wodka) gegenüber der ursprünglichen Verordnung geben wird.
Sollten Sie von diesen Punkten betroffen sein, sind bei den zuständigen Behörden Informationen einzuholen.

12. 6. 89 Amtsblatt der Europäischen Gemeinschaften Nr. L 160/1

I

(Veröffentlichungsbedürftige Rechtsakte)

VERORDNUNG (EWG) Nr. 1576/89 DES RATES

vom 29. Mai 1989

zur Festlegung der allgemeinen Regeln für die Begriffsbestimmung, Bezeichnung und Aufmachung von Spirituosen

DER RAT DER EUROPÄISCHEN GEMEINSCHAFTEN —
HAT FOLGENDE VERORDNUNG ERLASSEN:

Artikel 1

(1) In dieser Verordnung werden allgemeine Regeln für die Begriffsbestimmung, Bezeichnung und Aufmachung von Spirituosen festgelegt.

(2) Für die Zwecke dieser Verordnung gilt als Spirituose die alkoholische Flüssigkeit, die

— zum menschlichen Verbrauch bestimmt ist,

— besondere organoleptische Eigenschaften und, abgesehen von den Erzeugnissen in Anhang III Nummer 1, einen Mindestalkoholgehalt von 15 % vol aufweist und

— wie folgt gewonnen wird:

  — entweder unmittelbar durch Destillieren — mit oder ohne Zusatz von Aromastoffen — aus natürlichen vergorenen Erzeugnissen und/oder durch Einmaischen von pflanzlichen Stoffen und/oder durch Zusatz von Aromastoffen, Zucker oder sonstigen Süßstoffen gemäß Absatz 3 Buchstabe a) und/oder sonstigen landwirtschaftlichen Erzeugnissen in Äthylalkohol landwirtschaftlichen Ursprungs und/oder in Destillaten landwirtschaftlichen Ursprungs und/oder in Brand im Sinne dieser Verordnung

  — oder durch Mischung einer Spirituose mit

    — einer oder mehreren anderen Spirituosen,

    — Äthylalkohol landwirtschaftlichen Ursprungs, Destillaten landwirtschaftlichen Ursprungs oder Brand,

    — einem oder mehreren alkoholischen Getränken,
    — einem oder mehreren Getränken.

(3) Allgemeine Begriffsbestimmungen.

Für die Zwecke dieser Verordnung gelten als

a) Süßung:

Verfahren, bei dem zur Herstellung von Spirituosen eines oder mehrere der folgenden Erzeugnisse verwendet werden:

Halbweißzucker, Weißzucker, raffinierter Weißzucker, Dextrose, Fruktose, Glukosesirup, flüssiger Zucker, flüssiger Invertzucker, Sirup von Invertzucker, rektifiziertes Traubenmostkonzentrat, konzentrierter Traubenmost, frischer Traubenmost, karamelisierter Zucker (burned sugar), Honig, Johannisbrotsirup sowie andere natürliche Zuckerstoffe, die eine ähnliche Wirkung wie die vorstehend genannten Erzeugnisse haben.

Karamelisierter Zucker ist das Erzeugnis, das ausschließlich durch kontrolliertes Erhitzen von Saccharose ohne Zusatz von Basen, Mineralsäuren oder anderen chemischen Zusatzstoffen gewonnen wird.

b) Mischung:

Verfahren, bei dem zwei oder mehr verschiedene Getränke zur Gewinnung eines neuen Getränks miteinander vermischt werden.

c) Zusatz von Alkohol, Verschnitt:

Verfahren, bei dem eine Spirituose Äthylalkohol landwirtschaftlichen Ursprungs zugesetzt wird.

d) Zusammenstellung, Blend, Blending:

Verfahren, bei dem zwei oder mehr Spirituosen ein und derselben Kategorie zusammengebracht werden, die in ihrer Zusammensetzung jedoch nur geringfügige Abweichungen aufweisen, wobei diese Abweichungen durch ein oder mehrere der folgenden Kriterien bedingt sind:

— Herstellungsverfahren,

— verwendete Destillationsgeräte,

— Reifungsdauer,

— Erzeugungsgebiet.

Das gewonnene Getränk gehört derselben Kategorie an wie die ursprünglichen Getränke vor dem Zusammenstellen.

e) Reifung:

Verfahren, bei dem in geeigneten Behältern Vorgänge natürlich ablaufen können, durch welche die betreffende Spirituose neue organoleptische Merkmale erhält.

f) Aromatisierung:

Verfahren, bei dem zur Herstellung von Spirituosen ein oder mehrere aromatisierende Stoffe im Sinne von Artikel 1 Absatz 2 Buchstabe a) der Richtlinie 88/388/EWG verwendet werden.

g) Färbung:

Verfahren, bei dem zur Herstellung von Spirituosen ein oder mehrere Farbstoffe verwendet werden.

g) Äthylalkohol landwirtschaftlichen Ursprungs:

Äthylalkohol, der die in Anhang I dieser Verordnung aufgeführten Merkmale aufweist und durch Destillation nach alkoholischer Gärung aus in Anhang II des Vertrages genannten landwirtschaftlichen Erzeugnissen hergestellt wird; ausgenommen sind die in Absatz 2 genannten Spirituosen. Wenn auf die verwendeten Ausgangsstoffe Bezug genommen wird, muß der Alkohol ausschließlich aus dem betreffenden Ausgangsstoff gewonnen werden.

i) Destillat landwirtschaftlichen Ursprungs:

Die alkoholische Flüssigkeit, die durch Destillation nach alkoholischer Gärung aus in Anhang II des Vertrages genannten landwirtschaftlichen Erzeugnissen hergestellt wird und weder die Merkmale des unter Buchstabe h) genannten Äthylalkohols noch diejenigen einer Spirituose aufweist, jedoch ein Aroma und einen Geschmack bewahrt hat, die von den verwendeten Ausgangsstoffen stammen. Wenn auf den verwendeten Ausgangsstoff Bezug genommen wird, muß das Destillat ausschließlich aus dem betreffenden Ausgangsstoff gewonnen werden.

j) Alkoholgehalt:

Das Verhältnis des in dem betreffenden Erzeugnis enthaltenen Volumens an reinem Alkohol bei einer Temperatur von 20 °C zum Gesamtvolumen dieses Erzeugnisses bei derselben Temperatur.

k) Gehalt an flüchtigen Bestandteilen:

Gehalt einer ausschließlich durch Destillieren hergestellten Spirituose an flüchtigen Bestandteilen außer Äthylalkohol und Methanol, und zwar ausschließlich aus der Destillation bzw. erneuten Destillation der verwendeten Ausgangsstoffe.

l) Herstellungsort:

Der Ort oder die Region, wo die Phase des Herstellungsprozesses des Fertigerzeugnisses stattgefunden hat, in der die Spirituose ihren Charakter und ihre wesentlichen endgültigen Eigenschaften erhalten hat.

m) Kategorie von Spirituosen:

Sämtliche Spirituosen, die ein und derselben Begriffsbestimmung entsprechen.

(4) Begriffsbestimmungen einzelner Arten von Spirituosen.

Für die Zwecke dieser Verordnung gelten als

a) Rum:

1. Die Spirituose, die ausschließlich durch alkoholische Gärung und Destillation von aus der Herstellung von Rohrzucker stammender Melasse oder Sirup oder aber von dem Saft des Zuckerrohrs selbst gewonnen und auf weniger als 96 % vol destilliert wird, so daß das Destillationserzeugnis in wahrnehmbarem Maße die besonderen organoleptischen Merkmale von Rum aufweist.

2. Die ausschließlich aus der alkoholischen Gärung und der Destillation von Saft aus Zuckerrohr gewonnene Spirituose, die die besonderen Aromamerkmale von Rum sowie einen Gehalt an flüchtigen Stoffen von mindestens 225 g/hl r. A. aufweist. Diese Spirituose darf mit der Bezeichnung „landwirtschaftlich“ als Ergänzung der Bezeichnung „Rum“ zusammen mit einer der geographischen Bezeichnungen der französischen überseeischen Departements gemäß Anhang II vermarktet werden.

b) *Whisky* oder *Whiskey:*

Die Spirituose, die durch Destillieren von Getreidemaisch gewonnen wird,

— die durch die in ihr enthaltenen Malzamylasen mit oder ohne andere natürliche Enzyme verzuckert,

— mit Hefe vergoren,

— zu weniger als 94,8 % vol so destilliert worden ist, daß das Destillationserzeugnis das Aroma und den Geschmack der verwendeten Ausgangsstoffe aufweist,

und die mindestens drei Jahre lang in Holzfässern mit einem Fassungsvermögen von 700 Litern oder weniger gereift ist.

c) Getreidespirituose:

1. Die Spirituose, die durch Destillieren aus vergorener Getreidemaische gewonnen wird und die organoleptischen Merkmale der Ausgangsstoffe aufweist.

   Die Bezeichnung „Getreidespirituose" kann für das in Deutschland sowie in den Gebieten der Gemeinschaft mit Deutsch als eine der Amtssprachen hergestellte Getränk durch die Bezeichnung *„Korn"* oder *„Kornbrand"* ersetzt werden, sofern dieses Getränk in diesen Regionen herkömmlicherweise hergestellt wird und wenn die Getreidespirituose ohne Zugabe von Zusatzstoffen dort wie folgt gewonnen wird:

   — entweder ausschließlich durch Destillieren von vergorener Maische aus dem vollen Korn von Weizen, Gerste, Hafer, Roggen oder Buchweizen mit allen seinen Bestandteilen

   — oder durch erneutes Destillieren eines gemäß dem ersten Gedankenstrich gewonnenen Destillats.

2. Um die Bezeichnung „Getreidebrand" führen zu können, muß die Getreidespirituose durch Destillieren zu weniger als 95 % vol aus vergorener Getreidemaische gewonnen werden und die organoleptischen Merkmale der Ausgangsstoffe aufweisen.

d) Branntwein:

Die Spirituose,

— die ausschließlich durch Destillieren zu weniger als 86 % vol von Wein oder Brennwein oder durch erneutes Destillieren zu weniger als 86 % vol eines Weindestillats gewonnen wird;

— die einen Gehalt an flüchtigen Bestandteilen von 125 g/hl r. A. oder mehr und

— einen Höchstgehalt an Methanol von 200 g/hl r. A. aufweist.

Gereifter Branntwein kann weiterhin unter der Bezeichnung „Branntwein" vermarktet werden, wenn seine Reifezeit mindestens der Reifezeit für das in Buchstabe e) genannte Erzeugnis entspricht.

e) *Brandy* oder *Weinbrand:*

Die Spirituose,

— die aus Branntwein mit oder ohne Weindestillat, das zu weniger als 94,8 % vol destilliert ist, gewonnen wird, sofern dieses Destillat höchstens 50 % des Alkoholgehalts des Fertigerzeugnisses nicht übersteigt und

— die in Eichenholzbehältern mindestens ein Jahr oder aber mindestens sechs Monate, wenn das Fassungsvermögen der Eichenfässer unter 1 000 Litern liegt, gereift ist;

— die einen Gehalt an flüchtigen Bestandteilen von 125 g/hl r. A. oder mehr ausschließlich aus der Destillation bzw. der erneuten Destillation der verwendeten Ausgangsstoffe aufweist;

— einen Höchstgehalt an Methanol von 200 g/hl r. A. aufweist.

f) Tresterbrand oder Trester:

1. a) Die Spirituose,

   — die aus vergorenem und destilliertem Traubentrester — entweder unmittelbar durch Wasserdampf oder nach Zusatz von Wasser — gewonnen wird, dem in einem nach dem Verfahren des Artikels 15 zu bestimmenden Umfang Trub zugesetzt worden sein kann, wobei die Destillation unter Beigabe des Tresters zu weniger als 86 % vol vorgenommen wird; eine erneute Destillation auf denselben Alkoholgehalt ist zulässig;

   — die einen Gehalt an flüchtigen Bestandteilen von 140 g/hl r. A. oder mehr und einen Höchstgehalt an Methanol von 1 000 g/hl r. A. aufweist.

   b) Während der Übergangszeit, die für Portugal in der Beitrittsakte von 1985 vorgesehen ist, kann in Portugal jedoch Tresterbrand vermarktet werden, der dort erzeugt wurde und einen Höchstgehalt an Methanol von 1 500 g/hl r. A. aufweist.

2. Die Bezeichnung „Trester" oder „Tresterbrand" kann nur für die in Italien hergestellte Spirituose durch die Bezeichnung *„Grappa"* ersetzt werden.

g) Brand aus Obsttrester:

Die Spirituose, die durch Gärung und Destillieren von Obsttrester gewonnen wird. Die Destillationsbedingungen, die Merkmale des Erzeugnisses und weitere Einzelheiten werden nach dem Verfahren des Artikels 15 festgelegt.

h) Korinthenbrand oder *Raisin Brandy:*

Die Spirituose, die durch Destillieren des durch alkoholische Gärung des Extraktes von getrockneten Beeren der Reben „Schwarze Korinth" oder „Malaga Muskat" gewonnenen Erzeugnisses hergestellt wird, das zu weniger als 94,5 % vol so destilliert wird, daß das Destillat das Aroma und den Geschmack der verwendeten Ausgangsstoffe behält.

i) Obstbrand:

1. a) Die Spirituose,

   — die ausschließlich durch alkoholische Gärung und Destillieren einer frischen fleischigen Frucht oder des frischen Mosts dieser Frucht — mit oder ohne Steine — gewonnen wird,

- die zu weniger als 86% vol so destilliert wird, daß das Destillat das Aroma und den Geschmack der verwendeten Frucht behält,
- die einen Gehalt an flüchtigen Bestandteilen von 200 g/hl r. A. oder mehr aufweist,
- die einen Höchstgehalt an Methanol von 1 000 g/hl r. A. aufweist und
- deren Blausäuregehalt bei Steinobstbrand 10 g/hl r. A. nicht überschreiten darf.

b) Ausnahmen von den Bestimmungen des Buchstabens a) dritter, vierter und fünfter Gedankenstrich können nach dem Verfahren des Artikels 15 beschlossen werden, insbesondere für die herkömmlichen Erzeugnisse, deren Herstellung und Verkauf einen wesentlichen Bestandteil des Einkommens bestimmter Obsterzeuger der Gemeinschaft ausmachen.

c) Die so definierte Spirituose wird unter Voranstellung des Namens der verwendeten Frucht als „-brand" bezeichnet: Kirschbrand oder *Kirsch,* Pflaumenbrand oder Slibowitz, Mirabellenbrand, Pfirsichbrand, Apfelbrand, Birnenbrand, Aprikosenbrand, Feigenbrand, Brand aus Zitrusfrüchten, Brand aus Weintrauben oder Brand aus sonstigen Früchten. Sie kann auch unter Voranstellung des Namens der verwendeten Frucht als *-wasser* bezeichnet werden.

Der Ausdruck *Williams* ist Birnenbrand vorbehalten, der ausschließlich aus Birnen der Sorte „Williams" gewonnen wird.

Werden die Maischen zweier oder mehrerer Obstarten zusammen destilliert, so wird das Erzeugnis als „Obstbrand" bezeichnet. Ergänzend können die einzelnen Arten in absteigender Reihenfolge der verwendeten Mengen angeführt werden.

d) Die Fälle, in denen die Bezeichnung der Frucht an die Stelle der Bezeichnung „-brand" unter Voranstellung des Namens der betreffenden Frucht treten kann, und die Voraussetzungen, unter denen dies geschehen kann, werden nach dem Verfahren des Artikels 15 festgelegt.

2. Als „-brand" unter Voranstellung des Namens der verwendeten Frucht können ferner Spirituosen bezeichnet werden, die durch Einmaischen bestimmter Beeren und sonstiger Früchte wie z. B. Himbeeren, Brombeeren, Heidelbeeren und anderen, die teilweise vergoren oder nichtvergoren sind, in Äthylalkohol landwirtschaftlichen Ursprungs oder in Brand oder in einem Destillat entsprechend den Definitionen in dieser Verordnung und anschließendes Destillieren bei einer Mindestmenge von 100 kg Früchten auf 20 l r. A. gewonnen werden.

Um eine Verwechslung mit den Obstbränden nach Nummer 1 zu vermeiden, werden die Bedingungen für die Verwendung der Bezeichnung „-brand" unter Voranstellung des Namens der verwendeten Frucht sowie die betreffenden Früchte nach dem Verfahren des Artikels 15 festgelegt.

3. Die durch Einmaischen ganzer, nicht vergorener Früchte im Sinne der Nummer 2 in Äthylalkohol landwirtschaftlichen Ursprungs und durch anschließendes Destillieren gewonnenen Getränke können als *-geist* unter Voranstellung des Namens der verwendeten Frucht bezeichnet werden.

j) Brand aus Apfel- oder Birnenwein:

Die Spirituose,

- die durch ausschließliches Destillieren von Apfel- oder Birnenwein hergestellt wird und
- die den unter Buchstabe i) Nummer 1 Buchstabe a) zweiter, dritter und vierter Gedankenstrich genannten Anforderungen für Obstbrand entspricht.

k) Enzian:

Die aus einem Enziandestillat hergestellte Spirituose, die durch Gärung von Enzianwurzeln mit oder ohne Zusatz von Äthylalkohol landwirtschaftlichen Ursprungs gewonnen wird.

l) Obstspirituose:

1. Die Spirituose, die durch Einmaischen einer Frucht in Äthylalkohol landwirtschaftlichen Ursprungs und/oder in Destillaten landwirtschaftlichen Ursprungs und/oder in Brand entsprechend den Definitionen in dieser Verordnung in einem gemäß dem Verfahren nach Artikel 15 zu bestimmenden Mindestverhältnis gewonnen wird.

   Zur Aromatisierung können dieser Spirituose Aromastoffe und/oder Aromaextrakte zugesetzt werden, die nicht von der verarbeiteten Frucht herrühren. Diese Aromastoffe und Aromaextrakte sind in Artikel 1 Absatz 2 Buchstabe b) Ziffer i) bzw. Buchstabe c) der Richtlinie 88/388/EWG definiert. Jedoch muß der charakteristische Geschmack des

Getränks sowie dessen Färbung ausschließlich von der verarbeiteten Frucht stammen.

2. Das so definierte Getränk wird als „Spirituose" unter Voranstellung des Namens der verwendeten Frucht bezeichnet. Gemäß dem Verfahren des Artikels 15 wird bestimmt, in welchen Fällen und unter welchen Bedingungen diese Bezeichnung durch den Namen der Frucht ersetzt werden kann.

   Als *Pacharán* kann jedoch nur die Obstspirituose bezeichnet werden, die in Spanien durch Einmaischen von Schlehen (Prunus espinosa) mit einer Fruchtmindestmenge von 250 g je Liter reinen Alkohols gewonnen wird.

q) Wodka:

Die Spirituose, die aus Äthylalkohol landwirtschaftlichen Ursprungs entweder durch Rektifikation oder durch Filtrieren über Aktivkohle — gegebenenfalls mit anschließender einfacher Destillation — oder eine gleichwertige Behandlung gewonnen wird, welche die organoleptischen Merkmale der verwendeten Ausgangsstoffe selektiv abschwächt. Durch Zusatz von Aromastoffen können dem Erzeugnis besondere organoleptische Eigenschaften, insbesondere ein weicher Geschmack, verliehen werden.

r) Likör:

1. Die Spirituose,
   - die einen Mindestzuckergehalt, ausgedrückt als Invertzucker, von 100 g/l aufweist, sofern nach dem Verfahren des Artikels 15 nichts anderes beschlossen wird,
   - die durch Aromatisieren von Äthylalkohol landwirtschaftlichen Ursprungs oder eines Destillats landwirtschaftlichen Ursprungs oder einer oder mehrerer Spirituosen im Sinne dieser Verordnung oder einer Mischung der genannten gesüßten Erzeugnisse, denen gegebenenfalls Erzeugnisse landwirtschaftlichen Ursprungs wie Rahm, Milch oder andere Milcherzeugnisse, Obst, Wein sowie aromatisierter Wein beigegeben werden, gewonnen wird.

2. Die Bezeichnung „-creme" mit vorangestellter Bezeichnung der betreffenden Frucht oder des verwendeten Ausgangsstoffes mit Ausnahme von Milcherzeugnissen ist Likören mit einem Mindestzuckergehalt, ausgedrückt als Invertzucker, von 250 g/l vorbehalten.

   Jedoch ist die Bezeichnung „Cassiscreme" den Likören aus schwarzen Johannisbeeren mit einem Mindestzuckergehalt, ausgedrückt als Invertzucker, von 400 g/l vorbehalten.

Artikel 4

(1) Unbeschadet der gemäß den Absätzen 2 bis 5 getroffenen Maßnahmen verliert die betreffende Spirituose durch die Zugabe anderer als der nach den gemeinschaftlichen Rechtsvorschriften oder, falls solche nicht bestehen, nach den einzelstaatlichen Bestimmungen zulässigen Stoffe den Anspruch auf die vorbehaltene Bezeichnung.

(2) Die Liste der zugelassenen Lebensmittelzusatzstoffe, die Bestimmungen über ihre Verwendung sowie die betreffenden Spirituosen werden nach dem Verfahren der Richtlinie 89/107/EWG des Rates vom 21. Dezember 1988 zur Angleichung der Rechtsvorschriften der Mitgliedstaaten über Zusatzstoffe, die in Lebensmitteln verwendet werden dürfen ([1]), festgelegt.

(3) Die Liste der zugelassenen technischen Hilfsstoffe, die Bestimmungen über ihre Verwendung sowie die betreffenden Spirituosen können nach dem Verfahren des Artikels 15 festgelegt werden.

(4) Unbeschadet der strengeren Bestimmungen des Artikels 1 Absatz 4 ist die Färbung von Spirituosen gemäß den einzelstaatlichen Bestimmungen zulässig, die gemäß der Richtlinie des Rates vom 23. Oktober 1962 zur Angleichung der Rechtsvorschriften der Mitgliedstaaten für färbende Stoffe, die in Lebensmitteln verwendet werden dürfen ([2]), zuletzt geändert durch die Akte über den Beitritt Spaniens und Portugals, erlassen wurden.

(5) Bei der Herstellung der in Artikel 1 Absatz 4 definierten Spirituosen dürfen nur natürliche Aromastoffe und Aromaextrakte im Sinne von Artikel 1 Absatz 2 Buchstabe b) Ziffer i) und Buchstabe c) der Richtlinie 88/388/EWG zugesetzt werden; ausgenommen sind hiervon die in Artikel 1 Absatz 4 Buchstaben m), n) und p) definierten Spirituosen.

(6) Für die Herstellung von Spirituosen ist der Zusatz von Wasser zulässig, sofern es den in Anwendung der Richtlinien 80/777/EWG und 80/778/EWG erlassenen einzelstaatlichen Bestimmungen entspricht, gegebenenfalls destilliert oder entmineralisiert ist und durch diesen Zusatz die Eigenschaften des Erzeugnisses nicht verändert werden.

(7) a) Für die Herstellung von Spirituosen darf der verwendete Äthylalkohol nur landwirtschaftlichen Ursprungs sein.

b) Wird zur Vermischung oder Auflösung von Farbstoffen, Aromastoffen oder anderen zulässigen Zusatzstoffen bei der Herstellung von Spirituosen Äthylalkohol verwendet, so darf es sich nur um Äthylalkohol landwirtschaftlichen Ursprungs handeln.

c) Unbeschadet strengerer Bestimmungen von Artikel 1 Absatz 4 Buchstabe m) Nummer 1 muß die

Qualität des Äthylalkohols landwirtschaftlichen Ursprungs den in Anhang I angegebenen Werten entsprechen.

Artikel 5

(1) Unbeschadet der aufgrund von Artikel 6 erlassenen Bestimmungen sind die in Artikel 1 Absatz 4 aufgeführten Bezeichnungen den darin definierten Spirituosen unter Berücksichtigung der in den Artikeln 2, 3, 4 und 12 genannten Erfordernissen vorbehalten. Diese Bezeichnungen müssen als Namen für diese Getränke verwendet werden.

Spirituosen, die nicht den Spezifikationen für die in Artikel 1 Absatz 4 definierten Erzeugnisse entsprechen, dürfen die dort genannten Bezeichnungen nicht tragen. Sie müssen als „Spirituose" oder „alkoholisches Getränk" bezeichnet werden.

(8) Die Kommission kann nach dem Verfahren des Artikels 15 bestimmen, in welchen Fällen und/oder bei welchen Spirituosen der Herstellungs- und/oder der Ursprungs- und/oder der Herkunftsort angegeben werden muß, und die Einzelheiten einer solchen Angabe festlegen.

Artikel 9

(1) Die Spirituosen

— Rum

— *Whisky* und *Whiskey*

— Getreidespirituosen/Getreidebrand

— Branntwein und *Brandy*

— Tresterbrand

— Korinthenbrand

— Obstbrand, mit Ausnahme der in Artikel 1 Absatz 4 Buchstabe i) Nummer 2 definierten Erzeugnisse

— Brand aus Apfel- oder Birnenwein

dürfen in der Aufmachung in keinerlei Form den den genannten Spirituosen vorbehaltenen Gattungsbegriff führen, wenn ihnen Äthylalkohol landwirtschaftlichen Ursprungs zugesetzt wurde.

Artikel 13

(1) Es wird ein Ausschuß für die Durchführung der Bestimmungen über Spirituosen, nachstehend „Ausschuß" genannt, eingesetzt, der aus Vertretern der Mitgliedstaaten besteht und in dem ein Vertreter der Kommission den Vorsitz führt.

(2) Die Stimmen der Mitgliedstaaten im Ausschuß werden nach dem in Artikel 148 Absatz 2 des Vertrages vorgesehenen Verfahren gewogen. Der Vorsitzende nimmt an der Abstimmung nicht teil.

Diese Verordnung ist in allen ihren Teilen verbindlich und gilt unmittelbar in jedem Mitgliedstaat.

Geschehen zu Brüssel am 29. Mai 1989.

LITERATURVERZEICHNIS

Amtsblatt der Europäischen Gemeinschaft, Verordnung (EWG) Nr. 1576/89 zur Feststellung der allgemeinen Regeln für die Begriffsbestimmung, Bezeichnung und Aufmachung von Spirituosen

Autorenkollektiv: Lebensmittelchemie und Ernährungslehre. 2. Auflage, VEB Fachbuchverlag, Leipzig 1976

Bruchmann: Angewandte Biochemie. Verlag Eugen Ulmer, Stuttgart 1976

Friedrich / Schuricht: Seltenes Kern-, Stein- und Beerenobst. Verlag Neumann, Leipzig 1985

Kardos: Obst- und Gemüsesäfte. 2. Auflage, VEB Fachbuchverlag, Leipzig 1979

Keppel / Pieber / Weiss / Hiebler: Obstbau. Leopold Stocker Verlag, Graz 1991

Lüthi / Vetsch: Mikroskopische Beurteilung von Weinen und Fruchtsäften in der Praxis. Verlag Heller Chemie- und VerwaltungsgesmbH, Schwäbisch Hall 1981

Maier / Klahr: Edle Schnäpse in Österreich. 1. und 2. Auflage. Falter-Verlag, Wien 1992 u. 1994

Mayr: Schnapsfibel. Verlagsanstalt Athesia, Bozen 1992

Mendelsohn / Engel: Vom verständnisvollen Trinken. Verlag Georg Fromme, Wien 1952

Papajorgis: Der Rausch – ein philosophischer Aperitif. Verlag Klett-Cotta, Stuttgart 1993

Pieper / Bruchmann / Kolb: Technologie der Obstbrennerei. Verlag Eugen Ulmer, Stuttgart 1993

Pischl: Schnapsbrennen heute. 8. Auflage, Leopold Stocker Verlag, Graz 1985

Ruff: Lob der Königsarznei. Paul Neff Verlag, Wien 1968

Sandgruber: Bittersüße Genüsse – Kulturgeschichte der Genußmittel. Verlag Böhlaus Nachf., Wien 1986

Schobinger: Frucht und Gemüsesäfte. Verlag Eugen Ulmer, Stuttgart 1991

Stroll / Greminger: Besondere Obstarten. Verlag Eugen Ulmer, Stuttgart 1986

Tanner / Brunner: Getränke-Analytik. Verlag Heller Chemie- und VerwaltungsgesmbH, Schwäbisch Hall 1979

Tanner / Brunner: Obstbrennerei heute – Ein Leitfaden für Kleinbrenner. Verlag Heller Chemie- und VerwaltungsgesmbH, Wädenswil 1983

Ulrich: Alkohol muß nicht schädlich sein. Econ Verlag, Düsseldorf 1981

Wilhelm: Obst im Garten. Verlag Eugen Ulmer, Stuttgart 1990

Wüstenfeld / Haessler: Trinkbranntweine und Liköre. Verlag Paul Parey, Berlin u. Hamburg 1964